남달라도 괜찮아

사페인 과학자가 말하는 완벽하게 나다워지는 법

Perfectly Weird, Perfectly You: A Scientific Guide to Growing Up

남달라도 괜찮아
자폐인 과학자가 말하는 완벽하게 나다워지는 법

초판 1쇄 펴낸날 2023년 9월 15일
초판 2쇄 펴낸날 2024년 7월 5일

지은이 카밀라 팡
옮긴이 장한라
펴낸이 이건복
펴낸곳 도서출판 동녘

책임편집 이지원
편집 이정신 김혜윤 홍주은
디자인 김태호
마케팅 임세현
관리 서숙희 이주원

등록 제311-1980-01호 1980년 3월 25일
주소 (10881) 경기도 파주시 회동길 77-26
전화 영업 031-955-3000 편집 031-955-3005 **전송** 031-955-3009
홈페이지 www.dongnyok.com **전자우편** editor@dongnyok.com
페이스북·인스타그램 @dongnyokpub
인쇄 새한문화사 **라미네이팅** 북웨어 **종이** 한서지업사

ISBN 978-89-7297-101-6 (03190)

• 잘못 만들어진 책은 구입처에서 바꿔 드립니다.
• 책값은 뒤표지에 쓰여 있습니다.

남달라도
괜찮아

자폐인 과학자가 말하는
완벽하게 나다워지는 법

카밀라 팡 지음
장한라 옮김

동녘

들어가며

내 이름은 카밀라 팡이야. 편하게 밀리라고 불러도 돼.

나에 관한 중요한 얘기를 하나 하면서 시작할게.
나는 항상 좀 이상한 아이였어. 솔직히 얘기하자면
아주 많이 이상한 아이였지.

교실에서 나는 매번 손을 들었지만, 정작 선생님이
질문을 하라며 나를 지목하면 허둥지둥하고는 했어.

늘 책에다 코를 박고 지냈지만, 그러면서도
수업 시간은 따분했고, 또 창밖을 바라본다며
야단을 맞고는 했지.

언제나 예의 바르게 행동하려고 애썼지만, 결국엔 실수로
무례한 말을 하는 경우가 많았어.

지금도 나는 꽤 이상한 사람이야.

무언가에 어마어마하게 신이 나거든. 몸을 떨거나 작게 꽥꽥대는 소

리를 내는 걸 주체할 수 없을 정도로 말이야.

그렇지만 어떨 때는 너무 무서워서 다시 안전하다는 느낌이 들 때까지는 이불 아래로 숨거나 책상 아래에 들어가 있어야 해. (스물여덟 살인데 말이지.)

나는 좀 말이 안 되는 구석이 많아. 사실은 이런 게 내가 제일 좋아하는 내 모습들일지도 몰라. 우리는 모두 로봇이 아니라 인간이고, 우리는 모두 다르잖아. 저마다 특별하게, 때로는 말이 안 될 정도로 이상한 구석이 있지.

그렇지만 여덟 살 때 알게 된 건데, 나는 유독 한 가지 면이 대부분 사람들과 달랐어. 이때 나는 자폐 스펙트럼Autism Spectrum Disorder 이라는 진단을 받았거든. 짧게 줄여서 ASD라고도 불러.

자폐를 설명하는 건 어려워. 자폐 스펙트럼에 속하는 사람들은 모두 다 다른 방식으로 자폐를 경험하거든.

살아가면서 이런 걸 느껴 본 적 없는 자폐 스펙트럼을 가진 친구들에게는 미리 사과할게. 자, 아무튼 한번 자폐에 대한 설명을 할게.

일반적으로 자폐란 이런 거야.

❋ 다른 사람들에게 설명하기 힘든 아주 강한 감정을 느껴.

❋ 오감이 나를 집어삼키는 것 같은 느낌이야. 선명한 색, 끔찍한 냄새, 이상한 촉감, 낯선 맛, 시끄러운 소리 때문에 엄청나게 겁이 나거나 불안해져. 온몸과 뇌가 녹아내리는 기분이지.

❋ 사람들의 몸짓이나 목소리 톤을 이해하기가 어려워. 누군가가 눈썹을 치켜뜬다거나 비꼬거나 화난 말투로 얘기할 때 그런 메시지를 '파악'하지 못할 수 있어.

❋ 잘못된 순서대로 일을 하지 않으려고 정해진 일과대로 아주 구체적으로 생활해. 그렇게 하지 않으면 옷을 제대로 입기도 전에 집을 나선다거나 아직 요리도 안 된 음식을 먹으려고 할 수도 있거든.

❋ 조금 기이한 행동에 의지해. 이런 행동을 하면 안전하고 평온하다고 느끼는데, 대개는 감각을 가라앉히는 것과 관련됐어. 똑같은 말을 계속 반복하거나 정해진 일과를 아주 촘촘하게 따른다거나 머리나 손을 갑작스럽게 홱 움직이는 것 등이지. 이런 식으로 말이나 행동을 반복하는 걸 '상동 행동'이라고 해. 스스로를 자극하는 거야.

여기서 얘기한 것들은 자폐가 있는 사람들이 다양하게 행동하는 방식 가운데 그저 몇 가지일 뿐이야. 내 경험을 바탕으로 썼지. 그러니까 다른 사람들의 경험을 반영하거나 대표하지 않을 수도 있어.

자폐 스펙트럼이 있는 어떤 사람들에게는 자폐가 이들의 삶을 크게 규정짓고, 때로는 한계를 정하기도 할 거야. 또 어떤 사람들에게는 별다를 게 없을지도 모르지.

난 그 사이 어딘가에 있어. 자폐 스펙트럼이 있어서 나는 성장하는 과정에서 혼란스럽고 무서웠던 적이 많았거든. 세상을 이해하고, 또 그 안에서 내 자리를 찾아내려면 대부분의 사람들보다 더 열심히 노력해야 했어. 많은 사람들이 나를 의심했기 때문에 주관을 세우는 법을 익히고, 스스로를 믿으며, 내가 세상에 전해야 하는 무언가를 믿는 법을 익혀야 했지.

누군가와 이야기를 할 때 내가 대화에서 어디쯤 자리 잡고 있는지 알려 주는 힌트가 있을까 싶어서 사람들이 어떻게 손을 움직이는지 오랫동안 지켜보기도 했어. 그 바람에 어떨 때는 사람들이 말하는 내용을 까먹고 듣지 못할 정도였지.

이상한 소리를 낸다거나 말이 안 되는 얘기를 한다면서 많은 사람들이 나를 이상하게 쳐다보고 이상하게 여겼어.

이 얘기를 들으니 내 어린 시절이 힘들었을 것 같지? 어떨 땐 정말로 그랬지.

그렇지만 자폐 스펙트럼이 있다고 해서 안타까운 건 아니야. 아주 조금도 말이야.

사실 나는 자폐 스펙트럼이 내 초능력이라고 생각하거든.

이 초능력을 고맙게 여기고 있어.

급하게 계획을 세운다거나 처음 만나는 사람과 얘기하는 일처럼 많은 이들이 쉽게 하는 일이 내게는 어려울 수도 있지만, 나는 다른 사람들이 하지 못 하는 걸 할 수 있거든.

자폐 스펙트럼 덕분에 나는 수많은 사람들과는 전혀 다른 방식으로 용감해져. 이상하거나 잘못된 점을 발견하면 그렇게 지적하는 게 무례하거나 예의 없는 행동인지 미처 떠올리기도 전에 곧바로 짚어 내지. 물론 이것 때문에 곤란한 상황에 처할 수도 있겠지. 그렇지만 한 편으로는 다른 사람들은 당황해서 말을 하지 못하는 상황에서도 꼭 필요한 말을 잘할 수 있다는 뜻이기도 해.

자폐 스펙트럼 덕분에 나는 무언가에 좀 집착하기도 하는데, 이런 점이 무언가를 배울 때는 어마어마하게 도움이 돼. 어딘가에 흥미가 생기면 다른 건 다 제쳐 두고 그것에 관한 내용만 읽거든. 어느 때는 며칠을 내리 읽기도 해. 그렇게 해서 처음 과학에 관심을 가졌던 거야. 지금까지도 관심을 품고 있기도 해.

그리고 제일 중요한건, 자폐 스펙트럼 덕분에 나는 호기심이 생겨. 다른 사람들이 수영을 배우거나 수도 이름을 외우듯이, 나는 이 세상을 살아가는 데 필요한 거의 모든 일들을 배워 나갔어.

친구를 사귀고, 상황에 알맞은 말을 하고, 다른 사람들의 몸짓을 읽는 법을 '그냥 익힌' 게 아니라 이 모든 것들을 공부해야 했지. 그런 것들이 어떻게 작동하는지 생각하고, 나만의 공식과 지름길을 만들어야 했어.

달리 얘기하자면, 나는 평생 과학자처럼 생활해야 했어. 사람들의 행동을 지켜보고 기록하면서 사람들을 연구했지. 이 모든 일들은 전혀 다른 행성에서 어떻게 하면 내가 그곳에 소속될 수 있는지 알아내려는 노력이었어.

이제는 스물여덟 살이 되었고 '박사'라는 멋있는 말들을 이름 앞뒤에 달게 된 나는, 그동안 배운 것들을 너와 나누려고 해. 또 이런 것들이 왜 네게 도움이 되는지도 이야기할 거야.

환상적인 과학

나에 관한 중요한 사실 한 가지는 이미 얘기했지? 두 번째로 얘기할 것도 있어. 나는 과학을 사랑해. 너무나 사랑하지.

열 살 때, 엄마와 같이 쇼핑을 하다가 신문 가판대에서 과학 잡지 《뉴 사이언티스트》를 봤어. 심각한 의료 문제에 관한 기사가 실려 있었는데, 다른 때 같았으면 나를 하루 종일 겁에 질리게 할 만한 이야기였지.

그렇지만 그때 깨달았어. 그 기사는 문제를 해결하기 위해 과학자들이 무엇을 하는지 담은 이야기라는 걸 말이야. 그리고 과학이 어떤 식으로 세상을 더 나아지게 하고 안전하게 만들 수 있는지 가장 먼저 알아내는 사람이 되고 싶다는 걸 깨달았지. 용돈을 모아서 잡지를 사기 시작했고 그 뒤로 쭉 과학을 좋아했어. 이제는 나를 두렵게 만드는 것을 지레 걱정하기보다는 늘 스스로에게 이런 질문을 던지고는 해. '내가 할 수 있는 일은 무엇일까?' 이게 바로 과학이 내게 준 선물이야.

또래 아이들이 팝 스타나 축구선수 포스터를 벽에 붙일 때, 나는 제일 좋아하는 스티븐 호킹의 책을 붙들고 지냈어. (스티븐 호킹은 전설적인 천재 물리학자야. 한번 찾아보렴!)

그 책 말고도 나는 이 세상을 굴러가게 하는 화학·물리학·생물학에 관한 수많은 책들을 탐독했어.

주변 '현실' 세계의 많은 것들은 잘 이해가 되지 않았어. 사람들이 했던 말들, 얼굴에 나타나는 표정, 대놓고 부탁하지는 않았지만 사람들이 내게 은근히 기대하는 것들 같은 거 말이야.

그렇지만 아끼는 책들에 담긴 과학 세계는 아름답고 논리적이었어. 규칙이 있는 체계들은 외워서 익힐 수가 있었지. 꼭 레고 조각처럼 머릿속에 딱 들어맞았어.

몸의 다양한 부분, 식물이 먹을 것을 스스로 만드는 법, 우주가 맨 처음 어떻게 생겨났는지에 관해 읽는 게 정말 좋았어.

자라는 동안 과학은 무섭고 혼란스러운 세상에서 나를 이끌었어.

언니가 왜 좋아하는 곡이 라디오에서 나오면 볼륨을 키우는지 이해하는 것보다, 식물이 왜 햇빛을 향해 움직이려고 하는지 알아 가기가 더 쉬웠어.

 간혹 우정이나 친구 사이에서 받는 압박같이 사람들 사이에 존재하는 힘을 알아차리는 것보다는, 사물을 떨어지게 하는 중력이나 사물을 끌어당기는 자성 같은 세상을 통제하는 힘이 더 이해하기 쉬웠어.

누구와는 친구가 되지만 또 누구와는 친구로 지내지 않는 것을 이해하는 것보다는, 금속이 주변에 있는 액체와 기체에 어떻게 반응하는지 이해하기가 더 쉬웠지.

실제로 존재하고 논리적이고 아름다운 과학의 패턴을 활용해서 이해할 수 없었던 주변의 모든 것들을 해석하는 법을 배웠어. 이상하고 엉망진창이고 혼란스러운 인간 세상을 알아 갔지.

 날씨에 얽힌 과학이 인간의 감정을 가르쳐 줄 수 있다는 사실도 깨달았어. 맑은 날처럼 행복한 감정이 폭풍우처럼 자제력을 잃거나 짜증을 내는 마음으로 얼마나 빠르게 바뀔 수 있는지 배웠어.

컴퓨터를 통해서는 주변에 있는 모든 것들에 질문을 던지고픈 내 욕구에 확신을 갖는 법을 배웠어. 그리고 이렇게 하면 더 좋고 완전한 답을 얻을 수 있다는 사실도 알아냈지.

또 줄기세포 하나에서 몸 전체가 만들어지는 것을 보고는, 뭔가 중요한 것을 성취하려면 정말로 노력해야 한다는 걸 배웠어. 우리 몸이 만들어지듯이, 나아가기 위해 계속 몰두하고 또 노력하는 거지.

시간이 흐를수록 과학은 나의 인생 길잡이가 되었어.

이제는 너와 함께 그 이야기를 나누려 해.

우린 삶에서 가장 어렵고도 중요한 것들을 알아볼 거야. 감정을 다루는 일부터 서로 의견이 맞지 않을 때 대처하는 법까지, 또 네 열정을 좇는 일부터 너와 다른 사람들이 맺는 관계를 이해하는 데까지 함께 살펴보자.

그리고 과학의 다양한 부분들을 활용해서 이 중요한 각각의 것들을 설명하고 탐구할 거야.

자, 물론 사람들이 저마다 과학에 관해 뚜렷한 입장을 지닌다는 사실은 알아. 어쩌면 내가 그랬듯이 너도 과학 수업을 제일 좋아할지도 몰라. 과학 시간을 전혀 기대하지 않을지도 모르고.

네가 어느 쪽에 속하든 그 사이 어딘가에 있든 간에, 지금 이 여정에 함께해 줬으면 해. 과학을 다르게 바라보는 법을 내가 알려 줄 수 있다면 좋겠어.

과학은 교실에만 있거나 실험실에서 잠을 자고 있지 않거든. 우리 주변, 우리가 보고 말하고 생각하고 만지는 모든 것 안에 들어 있어. 과학은 우리가 사는 세상을 이루는 천이야. 모두가 알아 가고 감상하고 즐길 기회를 얻어야 마땅한 아름답고 매혹적인 과목이지.

또 어마어마하게 중요한 것이기도 해. 다른 방법으로는 도저히 납득이 가지 않는 것들을 설명하는 유일한 방법이니까.

과학은 내 인생의 길잡이였어. 삶을 바라보는 새로운 방법을 과학이 어떻게 알려 줄 수 있는지 보여 주고 싶구나.

있는 그대로의 모습으로 살아가기

내가 과학을 사랑하고 또 내게 과학이 필요한 것은 자폐 스펙트럼이 낳은 결실이야. 또 다른 결실은 내가 어떤 사람이 되고 싶은지, 또 내가 어떤 삶을 살고 싶은지 바로 나 자신을 이해하기 위해 정말로 열심히 노력했다는 거야.

사람들이 너를 이상하게 쳐다보거나 네게 끔찍한 말을 할 때면 자신 감을 잃기 쉬워. 네 행동거지라든가 네가 즐기는 것에 의문이 생겨나 기 마련이거든. 안타깝게도 나한테는 이런 일이 많이 일어났어.

그런 의심을 극복한 게 내 인생에서 가장 크나큰 성취였어. 덕분에 나는 있는 그대로의 내 모습으로 살 수 있었어. 세상을 바라보는 독 특한 시각을 내게 선사하고, 또 과학을 연구하며 살아가는 꿈을 이 룰 수 있게 한, 나를 남다르게 만드는 것들을 자랑스럽게 여길 수 있 었지.

우리 모두 다 마찬가지라고 생각해. 나 자신으로 살아가는 법을 배우 는 건 정말 힘든 일이야. 관심이 가는 일을 하고, 정말로 뜻이 맞는 친구들을 찾고, 다른 사람들이 너를 좌지우지하려 할 때 네 마음을 바꾸지 않을 수 있도록 자신감을 지니는 일이니까. 그렇지만 살아가 면서 하는 일 가운데 가장 보람찬 일이기도 하지.

이건 너 스스로 해야 하는 일이야. 다른 사람이 대신 할 수는 없어. 우리는 모두 다르니까. 우리는 모두 조금씩 다른 방식으로 세상을 바라보고 경험해(몇몇은 아주 다른 방식을 따르지). 우리는 모두 자기만 의 사소하고 이상한 행동들, 좋고 싫은 것, 무서워하는 것을 갖고 있 어. 우리는 모두 다 이상해. 저마다의 훌륭하고 독특한 방식대로 이 상하지.

네 직관을 믿고 또 정말로 너를 행복하게 만드는 게 무엇인지 이해하면서 너라는 사람이 어떤 사람인지 알아내는 일은 커 가면서 겪기엔 어려운 일이야. 그건 다른 사람들에게 인기 있는 것과는 다르지.

그건 너답게 살아갈 용기를 품고, 사람들 사이에서 의견을 내세우는 일을 편하게 느끼고, 그런 한편으로 사람들과 어우러지는 법을 찾아가는 일이야.

이 책은 그런 이야기를 담고 있어. 네가 스스로를 믿고, 두려워하는 일들에 대처하고, 주변 사람들의 압박에 맞서고, 네 열정을 좇고, 진정한 친구를 찾을 수 있게 도와주려고 이 책을 썼어.

멋진 너 자신을 발견하고 너답게 살아가기 위해 네가 할 수 있는 모든 것들이지. 그 사람은 오로지 너만이 될 수 있는 사람이야. 그리고 네가 언제나 되고 싶어 하는 단 한 사람이기도 해.

성장은 쉬운 일이 아니지만 과학이 우리에게 길잡이가 되어 줄 수 있어. 금속이 왜 물에 녹을 수 있는지, 발톱은 어떻게 해서 자라는지, 북극곰은 어디로 여름휴가를 가는지 궁금했던 적이 있다면 계속 읽어 봐. 우리는 세상에 관한 몇 가지 사실들을 알게 될 거야. 그것보다 훨씬 더 중요한 건, 바로 우리 자신에 관해 배우게 될 거라는 점이지.

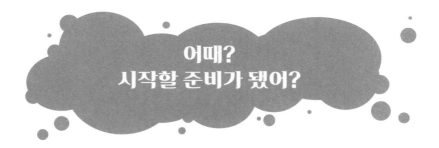

어때?
시작할 준비가 됐어?

차례

타이거 램지, 릴리 팡, 애거사 팡에게

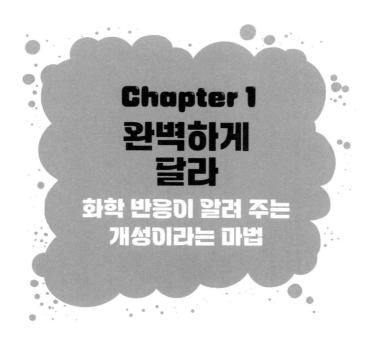

Chapter 1
완벽하게
달라
화학 반응이 알려 주는
개성이라는 마법

이 이야기는 18년 전 점심시간, 학교 운동장에서 시작해.

수업 시작까지 얼마 남지 않았을 때 잘 모르는 한 여자 아이가 눈에 들어왔어. 한눈에 봐도 마음에 쏙 드는 파란색 운동화를 신고 있었지.

옷이 까끌까끌하거나 간지럽거나 옷 색깔이 무서운 경우가 아니라면 보통 옷을 살펴보거나 신경을 쓰지는 않지만 어쩐지 그 운동화에는 눈을 뗄 수가 없었어.

신이 난 나는 그 아이에게 다가갔어. "신발 멋지다. 나도 갖고 싶어!"

파란 운동화를 신은 여자 아이는 꼭 상한 우유 냄새라도 맡은 것 같은 표정으로 나를 쳐다봤어. 콧등에는 주름이 잡히고 입꼬리는 아래로 내려갔지.

여자 아이가 "날 따라하는 건 꿈도 꾸지 마" 하고 말했어. 왜 그러느냐고 묻자, 그 아이는 얇은 입술로 미소를 지었지. "기분 나빠하지는 마. 너 같은 사람들은 나 하고는 안 어울리거든."

그때가 열 살 때였으니 사람들이 왜 내게 못되게 구는지 또 못되게 굴려 하는지 잘 알지 못해서 화가 나지는 않았지. 그 여자애가 나를 모욕하려던 건 줄도 몰랐어. 그렇지만 혼란스러웠어. 운동화는 '발에다 신는 편하고 빛나는 것'인데, 대체 또 무엇과 상관이 있는지 알지 못했거든.

사람들의 행동이나 말 때문에 혼란스러울 때면 트럼펫 소리가 내 머릿속에 울려 퍼지고는 했는데, 바로 그때 오케스트라 연주 소리가 들렸지. 여자 아이의 표정이라든가 입에서 나오는 말이 불협화음을 냈어. 조화롭지 않고 거슬렸지.

마음속 트럼펫이 요란하게 울어대는 가운데, 누군가 내 귀에다 대고 질문 수백 개를 외쳐대는 것 같았어. 나이도 똑같고, 학교도 똑같은 두 여자 아이가 대체 왜 같이 어울릴 수가 없다는 거지? 그 아이가 "너 같은 사람"이라고 말한 건 무슨 뜻일까? 정말로 '종류'가 다른 사람들이 있는 걸까? 우리가 좋아하는 것, 사는 방식, 겉모습, 또 신는 신발에 따라서 우리 모두를 다 분류할 수 있는 걸까?

고정 관념은 바보 같아

그 짧은 대화는 내게 숱한 질문을 남겼어. 그리고 시간이 흘렀지만 아직도 그 질문들 가운데 몇 개는 대답하지 못하겠어. 사람들이 서로 친구가 되고 싶게 하는 이상한 마법은 어느 누구도 온전히 설명할 수 없을 거야. 똑같은 학교에 다닌다거나, 똑같은 걸 좋아한다거나, 심지어는 똑같은 신발을 신는 것처럼 간단한 게 결코 아니니까.

온갖 방면에서 전혀 다른 것처럼 보이는 사람들도 성적이 비슷할 수 있고 제일 친한 친구가 될 수 있어. 또 모든 게 닮은 것 같은 사람들, 같은 '타입'인 사람들이(여기에서라면 똑같은 운동화를 좋아하는 사람들이겠지) 서로 전혀 잘 지내지 못할 수도 있지.

다시 말해, 우리가 생각하는 그 사람의 타입만 가지고 그 사람 전부를 알 수는 없다는 거야. 축구를 좋아한다거나 반에서 항상 손을 든다는 사실만으로 어떻게 행동할지 항상 알아맞힐 수는 없어. 생김새나 인상으로 그 사람이 어떻게 행동할지 예상하고, 그 예상만으로 누군가를 판단하는 건 고정 관념을 만드는 일이야. 그런 타입 사람들은 모두 다 똑같이 생각하고 행동할 거라고 넘겨짚는 거지.

여기 몇 가지 고정 관념이 있어…

조용한 사람들은
별로 할 말이 없어서
그렇다.

수학을 좋아하는
사람들은 전부
놀 줄 모르고
고리타분하다.

여자 아이들은
스포츠를
못 한다.

책 읽는 걸
좋아하는 아이들이
축구를 잘할 수는
없다.

남자 아이들은
감정적으로 구는 걸
별로 안 좋아한다.
그건 나약한 거니까.

나와 다른 방법으로
배우려는 같은 반
아이들은 멍청이다.

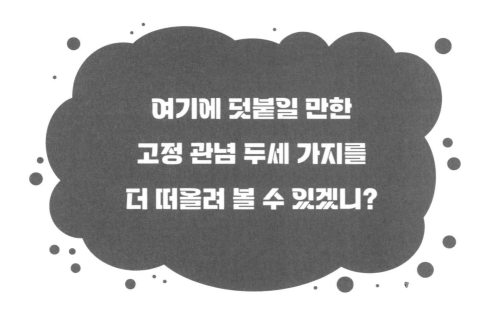

여기에 덧붙일 만한
고정 관념 두세 가지를
더 떠올려 볼 수 있겠니?

확실히 고정 관념은 영 도움이 안 돼! (그리고 혹시나 궁금할까 봐 말해 주자면, 앞에서 예를 든 고정 관념은 전혀 사실이 아니야.)

고정 관념은 고작 한 가지 사실만을 가지고 그 사람에 관한 모든 것을 알 수 있는 것처럼 허풍을 떨어. 그래서 고정 관념은 우리를 하나의 개인으로 존재하게 하는 작고도 중요한 부분들을 단순하게 만들지. 마치 한 사람과 그 사람이 품고 있는 것들을 쭉 짜서 성냥갑에다 집어넣으려고 하는 것과 비슷해.

더 나쁜 일은 고정 관념이 피해를 끼칠 수도 있다는 거야. 고정 관념 때문에 생겨난 생각이나 행동 때문에 사람들이 다른 사람이나 자기 자신을 차별하는 수단이 되기도 하지.

나처럼 자폐가 있는 사람들은 친구를 사귈 수 없다는 고정 관념이 있어. 자폐인들은 무례하고, 지나치게 예민하고, 항상 이상하게 행동하고, 알고 지내기가 난감하고, 어른이 되어서도 일자리를 구할 수 없을 거라고들 하지.

이런 고정 관념들 중 그 어떤 것도 사실이 아니라는 걸 내 인생이 증명해. 나는 항상 꿈꿔 오던 과학자와 작가라는 두 직업을 갖고 있어. 사랑하는 수많은 친구들과 삶이 있지. 무엇보다 가장 중요한 건 나는 스스로를 자랑스러워하는 법을 익혔어. 나를 '카밀라'답게 만드는 온갖 희한한 면과 약간 이상한 면을 포용하는 법을 배웠지.

그렇지만 제아무리 이렇다 할지라도 나를 만나고 내 상태를 알게 되는 사람들이라면 모두가 자폐에 관한 고정 관념을 떠올리리라는 걸 잘 알고 있어. 설령 내게 직접 얘기하지는 않더라도 말이야.

어떤 사람들은 내가 너무 이상해서 '정상'이라 여기지 않을 테고, 또 어떤 사람들은 내가 너무 정상적으로 느껴져서 자폐 증세가 있다는 사실을 못 믿을 테지(맞아, 가끔 나는 자폐 증세가 정말로 있기는 하느냐는 질문을 받기도 하거든). 바로 이게 고정 관념의 문제야.

고정 관념은 실제 모습이 아니라,
우리가 예상하는 모습대로
사람들을 대하게 만들어.

고정 관념의 표적이 된다면, 네가 진정 어떤 사람인지 그리고 고정 관념이 과연 가치가 있기는 한 건지 의문이 들 수도 있어.

어느 누구도 겉모습이나 남다른 점 혹은 관심사 때문에 평가를 받아서는 안 돼.

이건 다양한 유형의 사람들이 있다는 걸 부정하려는 얘기는 아니야. 어떤 사람들은 사람들이 붐비는 곳에서 시끌벅적하게 이야기를 나누는 걸 좋아하지만, 또 어떤 사람들은 소규모 모임이나 조용한 환경을 더 좋아하기도 해. 어떤 사람들은 밖으로 나가 빗속과 진흙탕 속을 첨벙거리는 걸 좋아하고, 또 어떤 사람들은 따뜻하고 뽀송뽀송한 실내에 웅크리고 있는 걸 좋아하지. 어떤 사람들은 새로운 걸 시도하고 새로운 사람을 만나는 걸 잘 해내고, 또 어떤 사람들은 편안한 집이나 제일 익숙한 것들을 좋아해. 양쪽 모두를 함께 즐기는 사람들은 훨씬 더 많아!

우리가 고정 관념에 갇히지 않는다면, 그러니까 어떤 사람의 한 가지 면을 안다는 이유로 그 사람의 모든 것을 아는 것처럼 멋대로 넘겨짚지 않는다면 어떨 때는 "그냥 그런 타입이야"라고 하는 게 제법 유용할 수도 있어. 어디까지나 시작일 뿐이지만 '타입'이란 우리 자신과 다른 사람들을 이해하는 방법이니까.

운동장에서 그 여자 아이에게 신발이 마음에 든다고 얘기했을 때 나는 이 사실을 알지 못했어. 그저 생각이 파리처럼 내 머릿속을 윙윙거리며 날아다니는 것 같았어. 내 몸 구석구석이 간지러운 것 같은 불편한 마음으로 그 아이와의 대화에서 물러섰지. 나 같은 사람. 너 같은 사람. 우리는 정말로 그렇게 다른 걸까? 그게 그렇게 중요했던 걸까? 답을 찾아야겠다고 생각했지.

금속에서 성격이 보여

열 살이었던 내게 인간이란 도저히 설명하거나 이해할 수 없는 미스터리한 존재였어. 솔직히 얘기하자면 지금 이걸 쓰고 있는 스물여덟 살의 내게도 인간은 여전히 미스터리할 때가 많아! 복잡한 성격 유형 같은 걸 이해하려면 도움이 필요했지. 사람의 개성이란 건 과연 붙잡거나 듣거나 보거나 냄새 맡을 수 있는 걸까?

그래서 나한테 도움이 될 만한 걸 찾아봤어. 확실하고 믿을 수 있고 사람들만큼이나 흥미로운 무언가를 말이야.

난 금속을 발견했지.

자, 네가 이렇게 묻는 소리가 들리는 것 같네. '금속이 나랑 대체 무슨 상관이야?' 하고 물어볼 만도 해. 프라이팬을 만들거나 다리를 세우는 데 쓰이는 금속이 사람에 관해 무슨 얘기를 해 줄 수 있다는 건지 한눈에 보이지는 않으니까 말이야.

언뜻 겉모습만 보면 금속처럼 생명이 없는 물체는 말도 할 수 없고 네게 눈을 치켜뜰 수도 없어서, 인간이나 우리의 성격을 이루는 수많은 작은 것들과는 별로 관련이 없을 것 같아.

그렇지만 그 겉모습 안으로 파고 들어가거나 자전거 프레임을 톡톡 두드려 보면 전혀 다른 이야기가 드러나지. 우리는 금속이 전부 다 강하고 거칠다고 생각하지만 사실 금속은 서로 아주 다른 모습을 하고 있어.

부엌칼로 케이크 조각을 자르듯 자를 수 있는 금속이 있는가 하면 물에 집어넣으면 보글거리면서 녹아버리는 금속, 또 심지어 폭발하기도 하는 금속도 있어. 어떤 금속은 인화성이 높아서 숨을 불어넣기만 해도 불이 피어오르지.

금속은 적응도 잘해서 다른 형태를 띠고 다른 일들을 하기도 해. 예를 들어 나트륨은 결정 형태일 때면 음식에 집어넣는 소금의 일부가 되지만, 기체 형태일 때는 밤에 가로등 불을 켜는 걸 돕지. 금속은 생각하는 것보다 훨씬 유연하단다!

어떤 금속은 강하고 오래 지속되는 게 필요할 때 제격이야. 다른 어떤 금속은 불꽃놀이 축제에서 볼 수 있는 불꽃이나 폭죽을 만들어내기에 제일 좋아.

금속이 이렇게 서로 다르게 반응하는 이유는 뭘까? 서로 다른 능력을 지닌 이유가 궁금하지 않니? 그 비밀은 바로 반응성이야.

반응성은 어떤 요소가 화학 반응에 가담할 가능성이 얼마나 있는지 또는 없는지를 뜻해. 이런 반응은 우리 주변 어디서나 시시때때로 일어나지. 우리 몸속에서, 부엌에서 요리를 할 때, 비누로 손을 씻을 때, 또 우리가 숨을 쉬거나, 웃음을 터뜨리거나, 울거나, 소리를 지르거나, 간지럼을 탈 때도 일어나.

사실 우리 존재 전체가 아주 중요한 화학 반응에 바탕을 두고 있어. 바로 호흡이야. 우리가 들이마시는 공기는 음식에서 얻은 포도당과 합쳐져서, 몸이 제 기능을 하는 데 필요한 에너지를 만들지.

화학 반응은 어디서든 일어날 수 있지만, 그렇다고 해서 모든 물질이 똑같이 반응하는 건 아니야. 그래서 금속과 유형을 다시 살펴봐야 해. 사람들도 성격 유형이 다양한 것처럼 금속도 제각기 다르게 반응하는 다양한 유형이 있거든. 이런 금속들이 어떻게 작용하는지, 또 금속의 반응성을 보고 우리가 사람의 성격에 관해 알 수 있는 내용은 무엇인지 살펴보자.

화학 반응이 만드는 개성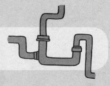

자, 점심으로 파스타를 먹는다고 해 보자. 팬에다 물을 넣고, 가스레인지 위에 올려 물을 데우고, 조금 더 제대로 하려면 끓는 물에 소금을 넣어서 맛을 내겠지. 음, 이탈리아에서는 그렇게 한대.

여기서는 온갖 종류의 화학 반응이 벌어져. 먼저 연소라는 반응이 일어나면(탄다는 말을 그럴싸하게 표현한 거야) 가스레인지에서 이상한 파란색 불빛을 볼 수 있지.

그렇지만 이게 전부가 아니야. 여기서 우리가 관심을 기울일 만한 반응이 두 개 더 있어. 하나는 아주 빠르게 일어나고, 또 하나는 말도 못하게 느리게 일어난단다.

빠른 반응에 대해서 먼저 이야기해 볼까? 끓는 물에다 염화나트륨, 즉 소금을 넣으면 소금은 물에 녹아버리지. 염소와 나트륨이라는 두 부분을 이어 주던 화학적 연결고리가 떨어져 나가거든. 이 뜨거운 물 온도가 반응이 일어나게 만드는 촉매 역할을 하기 때문에 이 반응은 거의 곧바로 일어나.

이제 한 단계 더 앞으로 돌아가 보자. 팬에다 물을 담았을 때 부엌 수도꼭지에서 나온 물은 집을 이리저리 두르는 수많은 관을 타고 이동했을 거야. 이런 관은 구리로 만들었을 확률이 높은데, 거기에는 다 그럴 만한 이유가 있지.

그건 소금에 들어간 나트륨이 가장 반응성이 높은 금속 축에 속해 순식간에 물에 녹는 반면에, 구리는 반응성이 거의 꼴찌이기 때문이야. 구리는 반응성이 소금보다 훨씬 낮아서 매일 엄청나게 많은 물을 흘려보내는 일을 하기에 아주 딱이지. 금속은 보통 물과 만나면 물속에 들어 있는 산소와 반응을 해서 산화라고 부르는 화학 반응을 일으키는데 이것 때문에 어떤 금속은 녹이 슬거나 상하기도 해. 자전거를 비가 오는 날에 너무 오래 바깥에 내버려 두면 자전거의 일부분

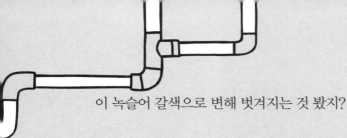

이 녹슬어 갈색으로 변해 벗겨지는 것 봤지?

구리의 장점은 물속에 들어 있는 산소에 아주 느리게 반응한다는 거야. 산소의 영향을 받기까지는 시간이 아주 오래 걸린다는 뜻이지. 그렇다고 해서 반응이 전혀 일어나지 않는다는 뜻은 아니야. 구리로 만들어져 원래는 갈색이었다가 초록빛이 된 뉴욕의 자유의 여신상처럼 시간이 오래 흐르면 초록색으로 바뀔 수 있거든.

이렇게 반응성이 낮다는 점은 오랫동안 써야 하는 수도관을 만드는 데 구리가 유용한 여러 이유 중 하나지. 구리는 화학 반응 때문에 생겨나는 결과에 영향을 받지 않은 채 아주아주 오랫동안 제 역할을 해낼 수 있어. 만약에 똑같은 수도관을 철로 만들었다면 산화 반응 때문에 녹이 생겨서 떨어져 나왔을 거고, 그러면 네가 끓이는 파스타 물은 적갈색이 되었을 거야. 우웩.

바로 이런 똑같은 논리로, 장신구에도 반응성이 훨씬 더 낮은 금속인 은, 금, 백금을 쓰는 거야. 이런 금속들은 몇 년 동안 손가락에 끼거나 귀에 걸어 산소에 오래 노출되더라도 색이 이상하게 변하지 않기 때문이야. 혹시 장신구를 걸쳤는데 피부가 약간 초록색으로 변한 적이 있다면 이제는 왜 그랬는지 알겠지? 그 장신구에는 바로 구리가 섞여 있던 거야!

다시 파스타 얘기로 돌아가 보자. 이렇게 요리하는 간단한 행동도 반응성 스펙트럼의 서로 다른 양쪽 끝을 보여 줘. 우리가 사용하는 나트륨은 반응성이 높아서 모든 음식을 맛있게 만들고, 우리에게 필요한 또 다른 물질 구리는 반응성이 낮아서 집 주변에서 물이 이동할 때 안전하게 지켜 주지.

이 이야기의 핵심은 반응성이 제일 높은 물질과 제일 낮은 물질 모두 서로 다른 방식으로 중요하다는 거야. 장점이 각각 다르기 때문에 같이 호흡을 맞추면서 우리가 요리하고, 좋아하는 음식을 먹고, 텔레비전을 보고, 친구들에게 전화하고, 글을 쓰고, 숨을 쉴 수 있게 해 주거든. 이제 곧 설명하겠지만 우리도 마찬가지야.

우리는 사람이야.
성격이 모든 걸 말해 주지는 않아.

우리가 서로 왜 다른지 이해하고 싶다면 가장 먼저 알아야 할 것이 하나 있어. 생물학적으로 봤을 때 우리 인간은 거의 똑같다는 거야. 인간을 구성하는 99.9퍼센트는 똑같은 벽돌로 이뤄져 있어. 바로 이 벽돌을 과학자들은 DNA라고 불러.

그래서 우리가 지닌 개개인의 특성, 그러니까 키가 큰지 작은지, 눈이 갈색인지 초록색인지, 피부색은 어떤지, 스포츠를 잘하는지 아니면 공 하나도 못 잡을 정도인지와 같은 모든 차이들은 우리를 이루는 생물학적 재료 가운데 고작 0.1퍼센트 안에 담겨 있단다.

우리가 신는 신발부터 물려받은 부모님의 일부까지, 생각하는 모든 것들은 사실 우리라는 드넓은 바다 속에 있는 물방울 한 개에 불과해. 설령 우리가 바로 옆에 있는 사람과는 다른 방식으로 보고, 소리를 내고, 생각하고, 행동한다고 하더라도, 우리 모두가 얼마나 비슷한지를 생각해 보면 그런 차이는 아주 사소해질 뿐이야.

파란 운동화를 신은 여자 아이가 '나 같은' 사람들은 '자기 같은' 사람들이랑 어울려 놀 수 없다고 말했을 때는 이 사실을 모르고 있었어. 그렇지만 그 아이가 나를 집어넣으려고 한 성냥갑보다는 내가 훨씬 큰 사람이라는 걸 직감적으로 알 수 있었지. 내가 신으면 그 운동화가 이상하거나 멋이 없어질 거라는 그 아이의 생각은 사실일 리 없다는 걸 알았어.

그 여자 아이는 부당하게 굴었어. 나를 알아가기도 전에 나에 관한 자기 생각을 정해버리고 말았지. 그다지 바람직하거나 과학적인 태도가 아닌 데다가 그 아이는 우리가 지닌 99.9퍼센트만큼의 공통점에는 주의를 기울이지 않고, 자기가 볼 수 있는 0.1퍼센트만큼의 차이에만 집중했어. 누군가가 어떻게 행동해야 하는가에 관한 그 아이의 관점에 들어맞지 않는 나의 일부만 보았던 거야.

그 아이는 안타깝게도 차이를 불편하게 여기는 사람들이 존재한다는 사실을 내게 알려 줬어. 이런 사람들은 다른 사람들이 자신에게 동의하고, 또 겉모습이나 말하는 것도 자신과 똑같았으면 좋겠다고 생각해. 자신과 다르게 행동하는 사람들은 이상하다고 여기지. 이런 사람들은 네가 버터를 바르는 칼로도 몇몇 금속을 자를 수 있다는 사실을 몰라. 이런 사람들 생각은 틀렸어!

차이가 나쁜 게 아니라는 사실은 금속과 반응성이 알려 주었지. 차이란 좋은 거야. 모두가 똑같다면 우리는 살아남을 수가 없거든. 사람들은 서로 잘하는 일이 달라야 하고 반응도 달라야 해. 안 그러면 우리는 모두 다 같은 일을 못할 테니까. 모든 금속이 나트륨처럼 반응성이 높았더라면 우리가 사는 세상은 허물어져서 산산조각 났을걸. 상상해 봐, 더 이상 파스타를 못 먹게 된다니까!

사람도 마찬가지야. 어떤 사람들은 물을 만났을 때 더 잘 반응하는 금속 같아. 이런 사람들을 모르는 사람들 틈에다 놓아두면, 다른 사람들을 알게 되어 신이 나서 부글거리고 팡팡 터지겠지. 이런 사람들은 아무리 대화를 나누어도 더 얘기하고 싶어 해. 새로운 사람들을 만나도 절대 이만하면 충분하다고 여기지 않지.

그런가 하면, 더 얌전하기를 타고난 사람들은 같은 상황에 반응을 하지 않을 수도 있어. 이런 사람들은 이미 아는 사람들과 있는 게 더 편하다고 느껴. 물에다 구리 한 조각을 집어넣었을 때처럼 모르는 사람들 틈에 밀어 넣어도 아무런 일도 일어나지 않을 거야.

어떤 사람들은 중간 어딘가에 있어. 할 말이 있을 수도 있지만, 조용히 상황을 지켜보지. 어떨 때는 자신감이 생겨나서 말을 하고 싶기도 하지만, 어떨 때는 또 그런 기분이 들지 않지.

이런 차이들이 우리를 인간답게 만들고, 또 삶을 즐겁게 하는 큰 부분이야. 교실에 있는 아이들이 모두 다 말을 하고 싶어 한다거나, 반대로 아무도 손을 들지 않는다면 수업이 제대로 굴러가지 않을 거야. 모든 선수들이 동시에 지시를 내리려고 한다면 스포츠 팀은 엉망진창이 되겠지. 그리고 다들 똑같은 옷을 입기로 입을 맞추거나 다른 걸 입으려 하는 사람이 한 명도 없다면 패션은 엄청나게 따분해질 테고 말이야. 꼭 우리 전부 다 교복을 입는 것 같을 거야!

우리가 사는 세상에는 차이가 필요해. 차이야말로 세상을 재미있고 맛깔나게 만들어 주거든. 차이는 우리가 품어야 하지, 절대로 누구를 평가하거나 나쁘게 생각하는 근거로 써서는 안 돼. 사람들이 너에 관해 품는 생각은 그저 그 사람의 의견일 뿐이고, 사실이 아니라는 걸 기억해. 네가 어떤 사람이 되어야 하는지를 결정할 수 있는 건 딱 한 사람뿐이야. 바로 너!

게임은 내가 더 자신있어!

차이는 사람들을 얼마나 규정할까? 우리는 항상 똑같은 방식대로 행동하는 한 가지 '타입'의 사람에 그치고 마는 걸까? 아니! 금속이 가르쳐 주는 또 한 가지 사실이 있는데, 바로 맥락이 중요하다는 거야. 반응성은 금속에 따라서도 달라지지만 금속이 녹거나 어는 온도라든지, 접촉하는 액체의 종류 같이 어떤 조건에 처하는지에 따라서도 달라지지.

사람에 비유해 보자면 어떤 환경에서는 조용한 사람이라도 잘 아는 친구들과 함께 있어서 안심이 되는 환경에서는 수다스러워지는 셈이야. 또 어떤 곳에서는 자신감이 부족하지만 다른 곳에서는 자신감이 차오르는 사람을 떠올려 볼 수도 있어.

결국, 네가 가장 행복하고 편안한 환경을 찾아내는 게 중요해. 바로 네가 반응할 수 있는 환경을 찾아내는 거야.

나는 파란색 운동화를 신은 여자 아이를 생일 파티에서 다시 만났어.

그리고 〈슈퍼 마리오〉 게임에서 맞붙고 이겼지. 그 여자 아이는 자신에게 자연스러운 환경이었던 운동장에서는 자신감이 가득했지만, 내게 자연스러운 환경이었던 온라인에서 직접 겨뤘을 때는 전혀 아니었던 거야.

〈슈퍼 마리오〉 게임으로 나에게 도전한 것 말고도, 나를 알지도 못하면서 평가하려고 했다는 게 그 아이가 저지른 또 다른 실수야. 그 아이는 우리가 서로 만나보기도 전에 내가 어떤 사람인지 알아보려고 하지 않았고, 또 우리는 절대 친구가 될 수 없다고 판단을 내렸어. 잠시 멈춰서서 우리가 그저 다른 환경에서 반응할 수도 있다는 생각을 아예 하지 않았던 거야.

성격 유형은 실제로 존재하는 것이고, 다 쓰임새가 있어. 너 자신과 살아가면서 만나는 사람들을 이해하기 시작할 때 좋은 방법이지. 그렇지만 이건 어디까지나 겨우 시작일 뿐이야. 성격 유형이 우리의 모든 면을 알려 줄 수는 없어. 우리 모두가 개개인이기 때문이야. 그리고 이 개인은 자신의 성격 유형이라는 '규칙'을 따를 수도 있지만 깨부술 수도 있지. 특히 자라나고 배워갈 때라면 더더욱. 금속이 서로 다른 상황에서 전혀 다르게 행동할 수 있는 것과 마찬가지야.

교실에서 조용한 사람이 제일 먼저 앞에 나서서 합창단에 들어갈 수도 있고, 너보다 자신감이 가득한 것처럼 보이는 사람이 네게는 너무 쉬운 수영 수업 시간에 물속에 고개를 넣고 잠수하는 일을 전혀 하지 못할 수도 있지.

바로 그럴 때 친구가 필요해. 운동화를 신은 여자 아이가 나한테 그랬던 것처럼 누군가를 납작하게 깔아뭉개는 게 아니라, 누군가 반응할 만한 공간을 마련해 주고 어려운 일을 처리할 수 있게 도와주는 거지.

사람들이 뭔가를 쉽게 해내지 못한다고 해서 웃음거리로 삼거나, 심지어 안타깝게 여기지도 마. 대신 응원을 해 주고, 그 사람들이 무서워하는 걸 할 수 있다는 마음을 먹도록 도와주고, 그 사람들의 반응을 조심스럽게 다뤄 주고, 손을 잡아 줘.

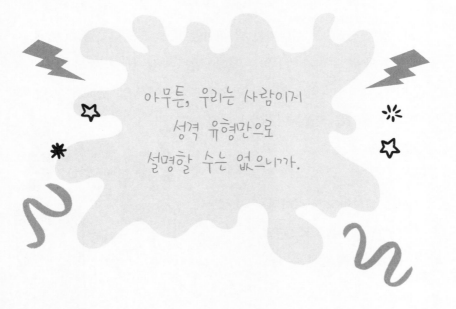

아무튼, 우리는 사람이지
성격 유형만으로
설명할 수는 없으니까.

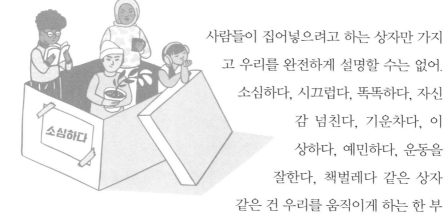

사람들이 집어넣으려고 하는 상자만 가지고 우리를 완전하게 설명할 수는 없어. 소심하다, 시끄럽다, 똑똑하다, 자신감 넘친다, 기운차다, 이상하다, 예민하다, 운동을 잘한다, 책벌레다 같은 상자 같은 건 우리를 움직이게 하는 한 부분을 설명할지는 몰라도 절대 우리 전부를 알려 줄 수 없어. 어디까지나 작은 일부분이지, 전체가 아니거든.

그런 식으로 규정하기에는 우리들 한 사람 한 사람이 너무나 흥미롭고 아주 개성있고, 맞아, 너무나 희한하니까.

그런 점이 사람으로 살아가는 걸 재미있고, 신나고, 예측할 수 없게끔 만들어 줘. 우리가 반응하는 것이야말로 세상에서 가장 아름다운 일이야. 딱 한 번 미소 짓는 것만으로도 하늘에서 알록달록하고 밝게 터져 나가는 불꽃놀이처럼 느껴질 수 있으니까.

차이를 축하하고 격려하면서, 또 모두가 자기답게 살아가도록 도우면서 우리 삶을 환하게 밝히는 거야.

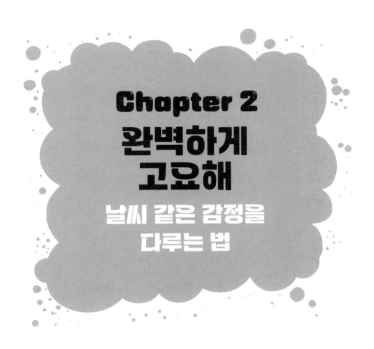

Chapter 2
완벽하게 고요해
날씨 같은 감정을 다루는 법

모두가 때로는 솔직한 기분을 표현하기 어려워하기도 해. 왜 슬퍼하는지, 무엇 때문에 웃는지, 정말로 원하는 게 무엇인지 사람들에게 이해시키기 어려울 때가 있지.

이런 감정은 우리 몸과 뇌에 물리적으로 영향을 끼치는 강력한 것이라서 말로 표현하기가 어려워.

이 일을 해내려고 얼마나 애를 썼는지 몰라. 그리고 지금도 힘들어할 때가 많아. 무언가에 신이 나거나 겁이 나면, 내 감정은 꼭 화산에서 끓어오르는 용암처럼 밖으로 쏟아지고는 했거든.

누군가 내게 무엇에 관심이 있느냐고 물어보면 나는 머릿속에 떠오르는 것 하나하나를 아주 자세하게 읊었어. 해야 하는 말과 그 말을 다른 사람이 들었으면 좋겠다는 마음에 신이 나서 모든 얘기를 한꺼번에 쏟아 붓는 걸 멈출 수가 없었지. 여기에다 극적인 팔 동작까지 곁들여서, 정중하게 질문을 던졌던 사람들이 내 열정 때문에 코를 얻어맞을 뻔했지!

어떨 때는 아예 한마디도 하지 않기도 했어. 그저 몸에서 탈출하고 싶어서 부글거리는 기분만 느낄 뿐이었지. 그 기분을 떨쳐낼 방법을 찾느라 어떨 때는 우리 강아지 오키가 비를 맞고 나서 격하게 머리를 터는 모습을 흉내 내기도 했어. 심지어는 물이 끓어오르고 김이 나올 때 주전자가 내는 소리를 따라하려고도 해 봤다니까! 그렇게 하면 내 기분을 내뱉고 설명하는 데 도움이 될지도 모른다는 희망을 품었거든.

감정을 표현하고 다루려고 애쓰는 일은 우리 누구나 인생의 아주 초기에 맞닥뜨리는 일이야. 아기 시절 우리는 소리를 지르고 울어대지. 그것 말고는 배가 고프거나 피곤하거나 스트레스를 받았을 때 다른 사람들에게 알릴 방법이 없거든.

설령 나이를 먹어서 말하는 법을 배우더라도 제대로 표현이 되질 않아서 뺨을 따라 감정이 뜨겁게 흘러내리듯 눈물을 주체하지 못하거나 심장이 빠르게 뛰거나 심지어는 물건을 발로 차거나 내던지고픈 마음에 휩싸이기도 해.

우리 모두 감정을 지니고 있고, 감정은 우리가 나이를 먹는다고 해서 사라지지 않아. 그건 좋은 일이야. 느낄 줄 아는 능력은 우리를 인간답게 만드는 제일 중요한 요소들 가운데 하나거든. 이 능력 덕분에 우리는 관심 있는 일에 열정을 품고 꿈을 좇을 수 있고, 다른 사람들을 사랑하면서 그 사람들이 화가 났을 때 위로할 수 있어.

강렬한 감정은 우리 삶에서 느낄 수 있는 최고의 부분이야. 친구랑 같이 웃는다든가 우리 팀이 결정적인 골을 넣고 이긴다든가 우리와 곧바로 연관되는 내용을 읽거나 봤을 때 느끼는 감정들 말이야. 그리고 이런 감정을 자꾸만 느끼고 싶어 한다는 것도 우리는 잘 알고 있지.

그렇지만 감정이 우리를 집어삼키다시피 할 수도 있어. 그런 감정을 다스리는 법은 커가면서 익혀야 하는 중요한 일이야. 그래서 이번 장에서는 그런 내용을 자세히 살펴볼까 해. 어째서 우리는 강렬한 기분을 느끼고, 그 기분이 온몸에까지 영향을 끼치는 걸까? 감정이 우리를 멋대로 휘두르게 하기보다는 우리가 감정을 통제하려면 어떻게 해야 할까? 어른들이 제일 좋아하는 대화 소재인 '날씨'는 과연 우리가 왜, 그리고 어떤 기분을 느끼는지에 관해 무슨 사실을 알려 줄까?

네 머릿속에 들어 있는 컴퓨터

제대로 짜증을 냈을 때 어떤 기분이 드는지 모두
들 분명 기억하고 있겠지. 감정이 한껏 들끓어서
몸과 마음을 내 뜻대로 주체할 수가 없는 게 어떤 기
분인지 잘 알 거야. 모든 게 엉망이 될 때면 귀에는 사이렌
소리가 가득 울려퍼지고, 눈에는 식초가 잔뜩 들어간 것 같
고, 배 속은 꼭 세탁기처럼 빙빙 돌고 또 돌아가잖아.

눈, 얼굴, 배에서 짜증이 나거나 열이 확 뻗치는 것을 느낄 수도 있지
만 감정이 거기서 시작한 건 아니야. 우리 몸에서 일어나는
여느 일과 마찬가지로 시작은 바로 뇌에서부터거든.

바로 이 인간이라는 컴퓨터를 들여다보면서 좀 더 알
아 나가자.

특히 뇌에 있는 두 가지 부위를 알고 넘어가야 해. 첫 번째 부위는 편
도체라는 곳이야. 꼭 화재경보기처럼 구는 녀석인데, 아몬드 모양을
닮은 재밌는 곳이지.

편도체는 위험해질 때면 몸이 알아차리도록 해서 우리를 안전하게 지키는 역할을 맡아. 화난 표정을 짓는 사람이 보인다거나 우리를 해칠 만한 동물이 눈에 띄면 편도체가 우리 몸에서 가장 먼저 알아차리지. 그러니까 자, 어서 스스로 머리를 쓰다듬어 주렴.

그렇게 편도체가 위험을 알아차리면 뇌에 있는 또 다른 부위가 행동에 돌입해. 바로 해마야. 뇌 한가운데에 파묻혀 있는 아주 작은 부분이지. 크기는 조그맣지만 어마어마하게 중요해. 해마는 뇌의 다른 부위에서 보내는 정보를 받아서 몸이 어떻게 반응할지를 결정하거든. 여러 다양한 부위를 거느리는 대장이라 마치 우리 몸의 교장선생님 같은 곳이야.

땀이 나거나, 심장이 두근거리는 게 느껴지거나, 졸려질 때면 해마에게 고마워해야 한단다.(또는 해마를 욕해야 하지!) 해마가 제 역할을 하면서 주변 상황을 고려해 몸이 어떻게 행동해야 할지를 조정하는 거거든. 체온이 좋은 사례야. 날씨가 너무 더워지면 몸은 체온을 낮추려고 땀을 흘리게 돼. 그리고 추워지면 정반대의 일이 일어나. 몸에 있는 털이 곤두서서 피부에 닭살이 돋아 열을 잃지 않게 해 주지.

체온을 일정하게 유지하는 일만으로는 성에 안 찼는지, 해마는 또한 가지 중요한 역할을 맡았어. 바로 호르몬을 내보내는 일이야. 호르몬은 몸에 있는 장기들에게 할 일을 알려 주는 화학물질인데, 해

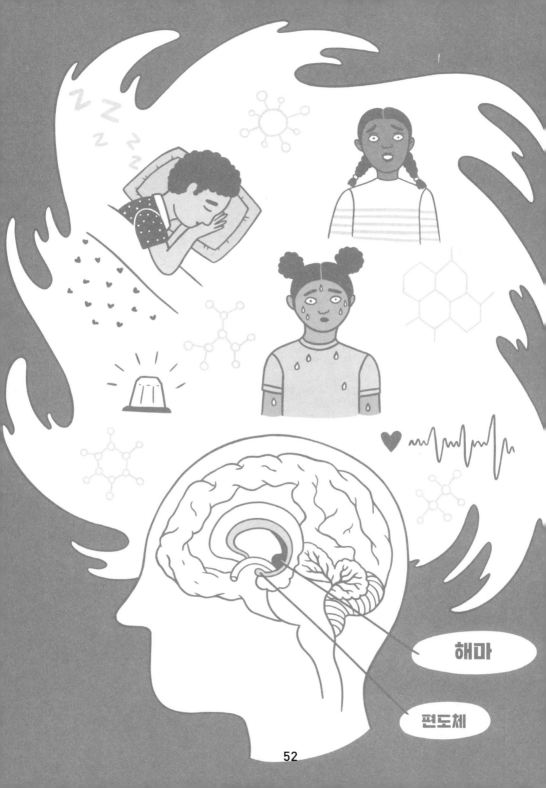

해마

편도체

마가 통제하는 바로 이 호르몬들이 화가 나거나, 스트레스를 받거나, 무섭다고 느끼는 데에 큰 역할을 하고 있어. 이를테면 아드레날린이라는 호르몬은 모든 일에 생기를 불어넣고 네가 로켓처럼 튀어 오를 만큼 신나게 하지.

그러니까 화가 머리 꼭대기까지 나는 건 뇌 속의 두 부위가 우리에게 무언가를 알려 주려고 쌩쌩 돌아가기 때문이야. 편도체가 위험한 걸 발견하고, 해마가 반응한 거지. 심장은 더 빨리 뛰고, 혈압은 높아지고, 몸에 있는 근육은 전부 긴장을 하게 돼. 머릿속은 당황하고 불안해져서 눈물을 터뜨리고, 뺨에는 피가 쏠려. 그래서 우리 얼굴이 붉으락푸르락해지는 거야.

위험을 감지한 몸은 이런 위험에 맞설 준비를 하고, 그러면서 생겨나는 스트레스가 바로 주체할 수 없이 열을 내도록 몰아가.

이런 반응은 인간의 본성에 깊게 뿌리를 내리고 있어. 우리가 동굴 속에 살면서 사냥으로 음식을 구하고, 야생동물에게 잡아먹힐 위험을 감수하며 지내던 때부터 시작됐지.

이런 순간에는 우리 친구인 아드레날린을 비롯한 호르몬이 배출되며 '투쟁-도피 반응'을 불러일으켜. 위험하다고 느끼는 것을 막아 스스로를 지킬 준비를 해. 우리를 잡아먹으려고 다가오는 동물과 수학 시험에 맞붙어 싸우겠다고, 아니면 도망치겠
다고 결정을 해서 나를 지켜 내지. 혹시 형제자매
와 싸워 본 적이 있다면 투쟁하겠다고 마음을 정
했을 때 어떤 일이 벌어지는지 알고 있겠지? 방에
서 뛰쳐나간 적이 있거나 눈물을 흘리며 달아난
다면, 그건 바로 도피하는 거고.

그래서 '감정적'으로 군다고 하면 마치 비합리적인 행동처럼 느껴
지겠지만 여러 모로 따져 보면 아주 일리 있는 행동이야. 이렇게 민
감하게 반응하는 능력은 오랜 세월 인간을 지켜 줬어. 우리가 느끼
는 감정은 단지 살아 있는 일의 일부가 아니야. 계속 살아가는 데에
중요한 역할을 하기도 하니까.

감정의 폭풍이 찾아올 때

흠, 이 책을 읽는 너희들은 지금쯤이면 모두 사춘
기라는 시기를 지나왔겠지(스물여덟 살이 되니
이렇게 헛기침도 다 해 보네). 아마도 너는 스트
레스를 받았을 때 소리를 지르거나 발을 구
르거나 벽에다 머리를 찧지는 않을 거야. 물

론 그렇게 행동할 수도 있겠지. 나는 그랬거든. 해 봤기 때문에 아무런 소용이 없었다는 것도 잘 알고 있는 거고. 또 다른 기분을 느끼고, 다른 행동을 할 수도 있어. 이를테면 불만스러움은 어때? 불만스러운 마음에 너는 사람들과 말다툼을 벌일 수도 있고 쿵쾅거리며 방을 나올 수도 있고 가족들과 아예 말을 섞지 않고 지낼 수도 있지.

자라나면서 이런 극단적인 감정을 다루는 능력은 점점 좋아져. 가장 먼저 우리는 소통하는 법을 익히게 돼. 몸짓, 말, 글, 그림처럼 어떤 수단을 활용하지. 이런 방법으로 부모님, 형제자매, 친구, 선생님이 우리를 도와줄 수 있도록 생각과 감정을 표현하고 타인을 이해시킬 수 있어.

뇌 역시 발달해. 결정을 내리거나 퍼즐을 해결하는 일 같은 '큰' 생각거리를 많이 담당하는 전두엽이라는 부위는 아주 천천히 성장해. 실제로 스물다섯 살 정도가 되어야 발달이 완전히 끝나게 돼.

그래서 차분하고 이성적인 목소리를 들려주는 역할을 맡은 뇌의 부위는 우리가 어른이 되기 전에는 자기 역할을 할 준비를 완전히 끝마친 게 아니야. 성장을 다 마치고 나서야 뇌는 모든 새로운 신호가 위급한 건 아니라는 사실을 깨달지. 그전까지는 여전히 주변에 있는 모든 새로운 것들을 받아들이고 거기에 반응해.

심지어 전두엽이 발달을 마쳤다 하더라도 우리가 강렬한 감정을 느끼는 걸 막지는 못해. 그런 감정은 다루기 어렵거든.

감정을 부정할 수는 없으니, 감정이 지닌 에너지를 활용할 방법을 찾아내야 해. 마치 강아지가 같이 놀고 싶거나 산책을 가고 싶어서 계속 촐싹거릴 때처럼 말이야. 만약에 강아지처럼 방 안을 뛰어다니는 게 효과적이지 않다면 이야기를 나누는 것도 방법이야. 난감한 상황에서 감정을 어떻게 다루는지 부모님이나 나이 많은 형제자매에게 물어볼 수도 있겠지.

모든 사람들은 저마다 자기만의 대처법을 지니고 있어. 다른 사람들에게 효과가 있는 팁이나 기술을 빌려와서 우리에게도 효과가 있는지 시험해 볼 수 있어.

네가 느끼는 감정을 일기장에 적는 게 도움이 될지도 몰라. 그렇게 하면 어떤 사건이 벌어진 날 감정을 표출하기에도, 또 바로 그 순간에는 화가 난다거나 짜증이 난다고 생각했던 일을 우리가 얼마나 금세 잊어버릴 수 있는지 나중에 떠올리는 데에도 도움이 될 거야.

아니면 내가 제일 좋아했던 방법인 그림 그리기도 있어. 감정을 그림으로 표현하면서, 그림으로 나타내지 않았더라면 두루뭉술하게 남아 있었을 기분에다 형태와 모양을 부여하는 거야.

또 나는 가끔 감정 바퀴를 이용해서 복잡한 감정을 파악하고 알아차
리기도 해. 감정 바퀴는 어떤 상황에서 사람들이 그게 내 생각이라고
강요하거나, 내가 어떻게 느껴야만 한다고 압박하는 것에 의존하는
대신에 내가 느끼는 감정을 스스로 이해하고 말로 표현하려고 할 때
유용해.

살아가면서 느끼는 강렬한 감정을
다른 사람들은 어떻게 다루는지
그 방법을 세 가지 찾아봐.
그리고 나중에 참고할 수 있게
그 방법들을 적어 보자.

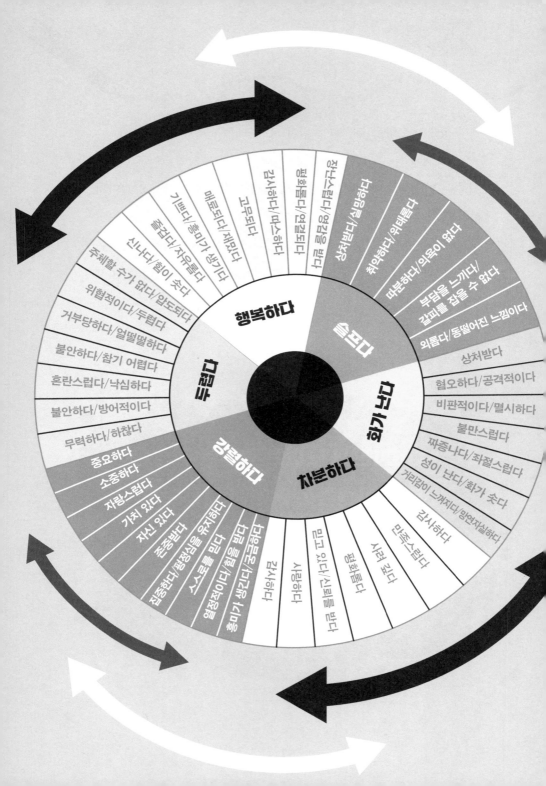

우리를 불안하거나 화나게 만드는 그 어떤 것이든 다루는 방법을 찾아내는 게 중요해. 편도체가 마음에 안 드는 것을 발견하고 경고등을 깜빡이기 시작하는 순간을 대비해야 해.

만약 그런 일이 벌어졌을 때 우리가 전혀 대비가 되어 있지 않다면 완전히 정신을 놓고 화를 낼 가능성이 크거든. 심하게 울어서 말도 안 나올 지경이 된다든가, 소리를 지를 수밖에 없을 만큼 너무 화가 나서 다른 일들은 전혀 생각하지 못할 수도 있어. 우리가 그렇게 행동하도록 만드는 뇌의 부위들을 떠올리지 못할 정도로 차분한 상태가 아닌 거지.

바로 이 지점에서 우리 친구 날씨가 도와줄 수 있어.

감정 우산과 감정 장화

어떻게 비가 내리는지 한번 생각해 봐. 작은 물방울이 모여서 구름을 이루며 점점 커지다가 너무 무거워서 아래로 떨어질 수밖에 없는 순간이 되면 비가 내리지. 하늘과 대기가 묵직해지면 비가 올 때가 되었다는 게 느껴지기도 해.(그럴 때면 난 지금도 여전히 불안해져!)

그렇지만 너도 알고 있듯이 비에는 수많은 종류가 있어. 별 생각 없이 그냥 맞고 갈 수 있는 가벼운 보슬비가 있는가 하면, 거세고 끔찍하게 쏟아부어서 쫄딱 젖게 만드는 소나기도 있지. 어떨 때는 몇 시간에 걸쳐 비구름이 만들어지면서 구름이 서서히 어두워지는 게 보이기도 해. 어떤 날에는 전혀 예고도 없이 파랗던 하늘이 어두워지거나 비를 뿌리기도 하지.

감정도 마찬가지야. 시험이나 골치 아픈 숙제처럼 우리를 불안하게 하거나 두렵게 만드는 일을 하게 될 거란 사실을 우리 스스로 느끼기도 해. 자전거를 타다가 갑자기 넘어질 때처럼 예고 없이 일어나는 일 때문에 혼이 쏙 빠질 때도 있지.

물론 마음의 날씨는 항상 비만 오거나 폭풍우만 몰아치는 건 아니야. 안전하고 행복하다는 기분이 들게 해 주는 사람들과 함께 있거나 또 네가 좋아하는 걸 하면 잔뜩 흐린 일요일 오후마저도 마치 햇빛이 가득한 화창한 날처럼 느껴질걸. 나는 우리 엄마를 떠올리면 하늘이 맑고 파래서 저 멀리까지 한눈에 내다보이고, 사방에 꽃이 피어난 날이 떠올라.

화창하건 구름이 껴 있건 폭풍우가 몰아치건 간에, 날씨는 인간이 통제할 수 없어. 그렇지만 날씨에 대비하고 준비할 수는 있지. 우산이나 장화를 챙긴다거나, 소나기가 한 번 찾아온다고 해서 세상이 끝나는 게 아니라는 것을 경험으로 충분히 터득하기만 하면 돼.

감정이 우리 삶에서 맡는 역할도 비슷해. 갑작스런 사고라든가 깜짝 놀랄 일을 대비할 수는 없지만, 그 대신에 다른 일들은 많이 준비할 수 있어. 비가 내릴 때처럼 머리 위에 펴 둘 수 있는 감정 우산을 들고 다닌다면 밖에 나가기가 훨씬 쉬울 거야.

감정의 방아쇠를 당기는 요소들

삶이 우리를 감정의 폭풍우 속으로 내동댕이칠 때 대처할 수 있는 감정 우산과 감정 장화는 어떻게 하면 들고 다닐 수 있을까?

먼저, 몇 발짝 물러서서 한 가지 중요한 사실을 생각해 보자. 우리를 제일 화나게 하거나 스트레스를 주거나 무섭게 만들 만한 게 무엇일까? 조금 있으면 소나기를 퍼부을 만큼 마음속 비구름에 수많은 물 방울을 채우는 건 과연 무엇일까? 우리를 행복하거나 슬프거나 두렵거나 신나게 만드는 방아쇠 역할을 하는 건 무엇일까?

이런 기분의 원인은 대개 개인적인 것들이야. 주황색은 네가 가장 좋아하는 색일지도 모르지만, 열 살 무렵의 내게는 그저 쳐다보기조차도 겁이 나는 색깔이었어. 벽에 칠해 둔 주황색 페인트, 교실에 있는 주황색 플라스틱 의자, 아니면 주황색 쇼핑백만으로도 나는 달아났어. 주황색은 늘 나보다 더 커 보였어. 마치 주황색 커튼이 나를 감싸서 더 이상 앞이 보이는 않는 듯한 기분이 들었지. 실제로 학교에서 한 아이가 주황색 커튼으로 나를 둘러싸고 괴롭히는 바람에 나는 상태가 나빠져서 울음을 터뜨릴 지경까지 되었다니까! (괴롭힘에 관한 이야기는 3장에서 더 자세히 다룰 거야.)

이제는 주황색을 봐도 마음이 편하지만 여전히 내 정신을 쏙 빼놓는 것들이 있어. 군중 속이나 붐비는 장소에 가면 불안해지고, 구급차

62

사이렌처럼 크고 갑작스러운 소리가 나면 도망가고 싶어지지. 그리고 정원에 두는 낙엽 송풍기가 내는 소리는 정말로 싫어.

네가 보기에는 이런 걸 겁낸다는 게 바보처럼 보일지도 몰라. 그렇지만 내게는 정말로 무서운 것들이야. 나는 그래. 우리는 모두 다르고, 누군가 제일 좋아하는 것이 다른 사람에게는 최악의 악몽일 수도 있지. 우리에게 스트레스를 주거나 두려움을 안겨 주는 것들은 항상 개인적인 거야. 그리고 어떤 것 때문에 느끼는 감정이 얼마나 작거나 커야 하는지 정할 수 있는 사람은 아무도 없어. 그건 네가 결정하는 거야. 감정을 다루는 법을 익힐 때 중요한 건, 바로 감정의 방아쇠를 당기는 개인적인 요소가 무엇인지를 알고 그 요소에 더 신경을 쓰는 거야. 스트레스를 주거나 힘든 일을 맞닥뜨리게 될 거라는 사실을 알면 이를 조금 더 천천히 받아들이거나 도움을 요청하거나 그 일을 훨씬 다루기 쉬운 작은 단계로 쪼갤 수도 있잖아.

하지만 의식하지 못한 채로 힘든 상황을 맞닥뜨리면 뇌 속에서 번쩍거리는 경고등이 아주 생생할 거고, 그 결과 우리가 느끼는 두려움, 신남, 분노도 함께 생생해지겠지. 마치 갑자기 아주 거세게 내리는 소나기 속에 갇힌 기분이겠지. 그러면 온몸에 아드레날린이 나오면서 '투쟁-도피' 모드로 떠밀리게 돼.

우리에게 스트레스를 주거나
우리를 신나게 만드는 것, 그래서 우리를
'투쟁-도피' 모드로 떠미는 것들은 개인적이야.
그래서 여기에 대처하는 방법도
사람마다 달라.

자폐 스펙트럼이 있는 수많은 사람들과 마찬가지로 나는 평정심을 유지하기 위해 자기 자극 행동을 해. 자기 자극 행동이란 계속 반복해서 편안한 리듬을 만드는 행동이야. 무언가를 강렬하게 느낄 때면 아무런 관련이 없는 희한한 행동을 하면서 그 느낌을 스스로 조절하는 거지. 지금쯤 웃을지도 모르겠지만, 최근에야 이런 방법이 실제로 배우들이 영화에서 맡는 배역을 훈련할 때 하는 아주 유명한 연기 방법이라는 사실을 알게 되었어.

의자를 앞뒤로 흔들고, 똑같은 문장을 계속 말하고 또 말하고, 장난감을 건드리는 것 모두 내가 스트레스를 받는 상황에서 마음을 편하게 유지하려고 했던 행동들이야. 물론 이런 행동이 이상해 보여서 다른 사람들을 불편하게 할 수는 있었지. 다른 사람들은 알아차리지도 못하는 것 때문에 겁이 나서 도망치고픈 기분이 들 때면 이런 루틴은 집중하고 차분해지도록 도와주었어.

학교에서는 그러기가 어려웠어. 환한 빛과 요란한 종소리 때문에 온몸에 불꽃이 터지는 것 같았지. 그렇지만 여러 실험을 해 보고 어떤 게 효과가 있는지 찾아내고, 안전하고 편안하다고 느끼는 환경을 만들 수 있게 도와줄 선생님을 찾아야 한다는 사실을 깨달았어. 특히 집을 나서거나 학교에 도착하거나 잠자리에 들 때처럼 하루 중에서도 스트레스를 많이 받는 시간에는 루틴을 만드는 게 도움이 됐어. 특정한 장난감, 음악, 제때 붙잡는 부모님의 손은 위로를 안겨 줬고, 정말 큰 변화를 불러왔지.

나 스스로도 감정을 다루기 위해 하는 내 행동들이 제법 이상하다는 걸 알아. 어떨 때는 학교가 끝나고 나면 우리 집에서 도로로 이어지는 차로에서 바퀴가 하나 달린 손수레를 몇 시간씩 밀기도 했어. 정해진 행동이 주는 든든한 기분과 손수레가 자갈 위를 지나며 내는 소리가 좋았거든. 최근에는 손가락으로 머리카락을 배배 꼬거나 매일 점심에 똑같은 음식을 먹으면 편안해진다는 사실을 알아냈어. 이런 것들을 익숙한 방법으로 느끼고 맛보면 불안할 때도 안정감을 느끼는 데에 도움이 돼. 모든 게 다시 균형을 잡았다고 느끼게끔 해 주거든.

자, 이 모든 것들이 아주 이상해 보일 수도 있겠지만 우리는 모두 다 다른걸. 우

리는 모두 저마다의 방식으로 평온함과 차분함을 느껴.

그렇지만 네 감정 우산이 어떤 건지 또는 어떤 것이어야 좋을지 확신이 잘 안 설지도 몰라. 감정 우산을 찾아보려면 어떻게 시작해야 좋을까?

진짜 과학자처럼 실험을 해 봐! 마음속 먹구름이 몰려와서 '투쟁-도피' 모드가 되어가는 게 느껴지면 다양한 것들을 시도해 봐. 무엇을 했는지, 또 기분이 어땠는지 기록해 봐. 나는 바로 그렇게 했고, 또 그 덕분에 이 책을 쓰게 되었어. 시간이 흐를수록 너는 다양한 상황에서 효과가 있는 일들의 목록을 채워 나갈 수 있을 거야. 그러면 어떤 날씨에도 대처할 수 있는 너만의 개인 생존 지침서가 탄생하는 거지.

감정에게 지는 걸 항상 막을 수는 없다는 사실을 기억해. 어른들도 당연히 울고, 또 그렇게 울더라도 얼마든지 괜찮아. 때로는 제대로 우는 게 필요하기도 하거든. 그렇게 감정을 받아들여서 우리가 느끼는 슬픔, 불안, 지나친 행복을 처리할 수 있게 되는 거야. 꼭 방귀랑 비슷하게 안에 담아 두는 것보다는 내보내는 게 훨씬 좋아!

우리 삶을 규정하는 감정 폭풍을 멈추려는 게 아니야. 감정 폭풍은 우리가 멈출 수도 없고, 멈추려고 해서도 안 되니까. 다만 우리는 감정 폭풍을 처리하고 다룰 수 있어야 해. 그래야 우리 마음과 몸을 이끄는 운전석에 계속 앉아 있을 수 있지.

그렇게 하려면 다가오는 감정 폭풍을 보는
법을 익히는 게 핵심이야. 마치 하늘이 어두
워지고 공기가 축 처질 때 곧 비가 내릴 거라는
사실을 알게 되듯이, 때로 우리는 긴장되고 불쾌해지
려는 상황을 눈치 챌 수 있어. 그래서 이대로 가다가는 무너져 내리
고 말 거라는 사실을 감지하고는 하지. 바로 이럴 때 우리는 한 발짝
물러나서, 숫자를 열까지 세고, 우리가 구할 수 있는 가장 크고 환한
우산을 집어 들어야 해. 안전하기도 하고, 또 사람들이 나를 바라보
고 내 말을 듣고 있다는 느낌을 안겨 주는 감정 우산이야.

다양한 날씨를 겪으며 살아갈수록 우리는 날씨들에 더 잘 대처하게
돼. 비가 오건 눈이 오건 간에 우리 모두는 웃고, 울고, 끌어안고, 미
소 짓는 능력을 지니고 있어(그리고 이 능력은 필요하기도 해). 이건 감정
이라는 감옥에 갇히지 않고, 굵직한 감정들을 겪는 능력이야.

우산과 선글라스를 챙기렴. 나는 항상 두 개를 모두 꼭 챙긴단다.

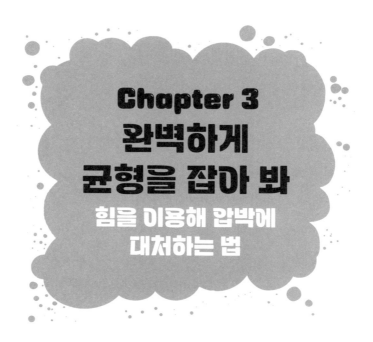

Chapter 3
완벽하게
균형을 잡아 봐
힘을 이용해 압박에
대처하는 법

초등학교에 다닐 때는 매일 바깥에서 일과를 시작했어. 선생님들이 출석을 확인할 동안 우리는 운동장에 길게 줄을 서 있었지.

이상하게 생각할지도 모르겠지만 내게는 바로 그 시간이 하루 중 가장 힘든 때였어. 꼼짝도 않고 가만히 서 있어야 하는 게 정말 싫었거든. 내 마음은 정해진 일과를 좋아하는데 매일 아침 새로운 순서대로 줄이 만들어지는 게 마음에 안 들었어. 매번 앞, 뒤, 옆에 계속 다른 사람들이 서는 거니까.

또, 날이 너무 추울 때가 많았거든!

그 줄에 서 있을 때면 서로 다른 생각이 나를 서로 다른 두 방향으로 끌고 갔어. 한 가지는 시키는 대로 하자는 생각이었어. 다른 사람들처럼 가만히 서 있으면서 내 이름을 부를 때까지 기다리는 거야. 이런 건 정말 바보 같다는 또 다른 생각도 마음속에서 피어올랐어. 그러면 안절부절못하면서 아주 빠르게 달아나고픈 마음이 강하게 솟아났지.

두 생각이 줄다리기를 벌이게 되면 두 번째 생각이 이길 때가 많았어. 고개를 까딱거리고, 팔은 바람개비처럼 뱅뱅 돌리고, 울면서 도망을 쳤지.

가만히 한 자리에 서 있는 것, 양쪽에 늘어선 들쑥날쑥한 줄 그리고 따뜻한 교실이 아니라 추운 바깥에서 치르는 일과, 이 모든 게 이상하다고 끊임없이 생각해야 해서 그저 너무 힘들었어.

이제는 머리와 몸속에서 매일같이 벌어지던 이 싸움이 과학에서 가장 중요한 개념과 관련이 있다는 걸 깨달았어. 바로 힘이야.

힘이란 밀거나 당길 때 사물에 작용하는 거야. 그리고 이런 힘은 우리가 사는 세상 전체를 붙들고 있어.

중력도 힘이야. 우리 발을 땅에다 붙들어 놓지. 자전거에 있는 브레

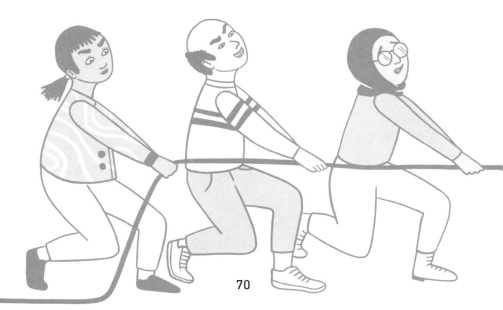

이크를 밟으면 마찰력이라는 힘이 생겨나
서 필요할 때 속도를 늦춰 줘. 접시에 놓인 생선
튀김은 접시를 아래로 누르는 힘을 발휘하고, 또 접시는 똑같은 힘
으로 생선 튀김을 밀어 내지. 그래서 적어도 네가 먹기 전까지는 모
든 게 제자리에 있는 거야.

왜 사물이 움직이는지 빨라지는지 느려지는지 함께 붙어 있는지 떨
어져 있는지 가만히 있는지 이 세상을 이해하고 싶다면 힘을 이해해
야 해. 힘은 우리 주변에 있는 모든 것들을 다루며 소리도 없고 눈에
보이지도 않는 주인이지.

힘의 훨씬 더 좋은 점은 바로 우리 삶에 관해 생각해 볼 수 있는 방
법이라는 거야.

물리 교과서에는 안 나올지도 모르지만 다양한 방향으로 밀고 당기는 힘은 우리 모두가 맞닥뜨리거든. 또래들에게 느끼는 압박이나 다른 사람들의 기대, 우리 각자가 바라고 두려워하는 것이 바로 이거야.

매일 아침 출석을 확인하는 줄에 서 있으면서 이런 힘들이 나를 이리저리 끌어당기는 걸 느꼈어. 하나하나가 중력이나 마찰력만큼이나 강하게 느껴지는 감정들이었지.

내 몸과 마음이 만들어 내는 힘은 바로 빠져 나와 달아나는 일이었지. 또, 다른 사람들이 만드는 힘은 내가 조용히 줄을 서 있으면서 내 이름이 불릴 때까지 얌전히 기다리라는 기대였어. 그리고 다른 사람들이 무슨 말이나 생각을 할지 걱정하면서 생겨나는 힘도 있었지. 다른 사람들이랑 똑같이 행동해서, 내가 눈에 띄거나 웃음거리가 되는

일이 일어나지 않았으면 했거든(이런 힘을 친구 사이에서 받는 압박이라고 불러). 앞에서 설명했던 것처럼 매일 아침 학교에 가면 이런 힘들끼리 싸움이 벌어졌지. 그리고 과연 어떤 힘이 이길지는 매번 알 수 없었어.

그렇지만 물리적인 힘과 또 이런 힘이 얼마나 중요한지 알고 난 다음에는 무슨 일이 벌어지고 있는 것인지 훨씬 더 이해하기 쉬워졌어.

아마 너도 똑같을 거야. 그러니 힘의 세계를 탐구해 보자. 그러고 나서 우리가 사는 세상에서 힘이 어떤 의미를 지니는지 생각해 보자.

세상에 숨어 있는 마법사

힘은 눈에 보이지 않아. 그리고 안타깝지만 제일 성능 좋은 과학 도구를 쓰더라도 힘을 눈으로 볼 수는 없을 거야.

이런 힘들이 작용하는 모습을 볼 수는 없어도 만들어 내는 결과는 주변에서 쉽게 관찰할 수 있어.

붐비는 도로 위에 나온 자전거, 버스, 자동차는 모두 다 힘으로 움직이고 멈추지. 전등을 켜 봐. 전등을 작동시키는 전기도 모두 힘 덕분에 흐르는 거야. 냉장고에다 자석을 붙여 보면 자력이라는 힘이 작용하는 걸 볼 수 있어. 사실은 그저 살아있는 것만 해도 네 몸에서 온갖 종류의 힘들이 작용한 결과야.

힘은 정말 대단해. 어디에나 있고, 정말 많은 일들을 설명해 주지.

힘에는 여러 종류가 있어. 과학적으로 힘을 분류하는 방법도 다양한데, 조금 더 쉽게 이해할 수 있도록 힘을 딱 두 종류로 나눠서 보여주려 해. 바로 접촉력과 비접촉력이야.

이 두 가지 힘의 차이점은 바로 힘이 생겨나려면 물체가 실제로 충돌하거나 접촉해야 하는지, 그렇지 않은지야.

접촉력의 좋은 사례는 바로 마찰력이야. 어떤 물체가 다른 물체를 통과하거나 스칠 때 생겨나는 힘인데, 마찰력이 어떤 건지는 우리 모두 잘 알고 있어. 걷거나 달릴 때 발바닥에 매번 느껴지는 힘이거든.

그리고 마찰력은 우리에게 필요한 것이기도 해. 마찰력 덕분에 속도를 늦출 수 있거든. 그리고 정신을 차릴 수도 있지. 하하! 마찰력이 없다면 우리는 걷다가 넘어지는 일도 많을 거고, 브레이크를 밟아도 자동차가 설 수도 없을 거야. 얼어 있는 길을 걷다가 미끄러져 본 적이 있다면 마찰력이 줄어든 세상이 어떤 모습일지 알겠지?

마찰력은 고체끼리 충돌할 때만 생겨나는 건 아니야. 물체가 공기 중이나 물속을 지나갈 때도 생겨나서 물체가 움직이기 어렵게 만들고 속도를 늦추지. 마치 일이 잘 안 풀릴 때 드는 느낌 같아.

캐치볼 할 때를 생각해 볼까? 공을 던지면 공은 공기를 가로지르면서 일종의 마찰력을 겪어. 이걸 공기 저항, 또는 항력이라고 부르는데 이 마찰력 때문에 똑같이 공을 던지더라도 산꼭대기에서 던지면 학교 운동장에서보다 더 멀리 나가게 돼. 고도가 높은 곳에 있으면 공기 중에 기체 분자가 실제로 더 적어서 공의 속도를 늦출 만한 마찰력도 적어지거든.

공기 저항이 어떻게 작용하는지 살펴볼 수 있는 또 다른 사례는 바로 스카이다이빙이야. 사람들이 공중에 떠 있는 비행기에서 뛰어내린 다음에 낙하산을 펴서 땅 위로 안전하게 내려오는 스포츠지. 물결을 치듯 펼친 널따란 낙하산 표면이 공기 저항을 늘려서 내려오는 사람의 속도를 충분히 낮추고, 작용하는 힘을 줄여 안전하게 땅에 닿을 수 있도록 해 준다. 후아!

이렇게 꼭 필요할 때 속도를 줄여 주는 접촉력이 바로 마찰력이야.

마찰력은 인간과 모든 생명체가 생존하는 데에 핵심적인 힘이기도 해. 추운 날 손바닥을 맞붙이고 빠르게 문지르면 어떤 일이 일어나는지 떠올려 봐. 손이 금세 따뜻해지지. 운동 에너지가 열에너지로 바뀌어서 생겨나는 결과야. 메마른 나뭇가지를 똑같은 방법으로 문지르면 열기뿐만 아니라 불도 생겨나. 나무가 아주 뜨거워지면 불꽃이 튀고 불이 붙거든.

마찰력은 인류의 역사 속에서 아주 중요한 힘이었고, 지금도 여전히 중요하단다.

그렇지만 모든 힘이 물체가 충돌해야만 생겨나는 건 아니야. 자, 접촉력만큼이나 중요한 비접촉력의 세상에 들어선 걸 환영해.

떨어뜨려 봐!

우리에게 가장 친숙한 비접촉력은 바로 우리를 땅에 붙들어 두는 힘, 중력이야. 이건 지구가 중력장이라는 곳 안에 있는 모든 물체를 '끌어당기는' 힘이야. 이 힘을 입증한 가장 유명한 사람이 바로 '아이작 뉴턴'이야. 나무에서 사과가 떨어지는 것을 보고 아이디어를 얻었다고 해. 그 사과가 뉴턴의 머리 위에 떨어졌다고 하는 사람들도 있더라고!

스카이다이빙을 하는 사람들을 다시 떠올려 보자. 스카이다이빙을 하는 사람들이 비행기 바깥으로 뛰어내릴 때 이 사람들을 땅으로 끌어당기는 힘이 바로 중력이야.

중력은 언제나 내 심장과 가까이 있는 힘이었어. 어린 시절, 불안감이 커질 때면 엄마에게 두꺼운 이불로 나를 꽉 감싸 달라고 부탁했지. 그때 내게 작용하는 힘, 이불의 중력은 내가 가만히 있을 수 있게 해 줬고, 차츰 내가 다시 안심하고 차분해질 수 있게 도와줬어.

중력과 더불어 가장 중요한 비접촉력으로 꼽을 수 있는 건 뭘까? 바로 정전기력이야. 아마 처음 들어보는 걸 수도 있겠다. 이 힘은 양전하(+)와 음전하(−)를 지닌 물체 사이에서 생겨나는 힘이란다. 자, 잘 들어 봐.

모든 것들을 이루는 아주 작은 구성 요소인 원자는 양전하를 지닌 양자와 음전하를 지닌 전자를 모두 가지고 있어. 양자는 원자핵이라고 불리는 원자 한가운데에 살고, 전자는 바깥쪽에서 둥둥 떠다니지. 바로 이 전자의 행동이 재미있는 일을 만들어 내. 전자는 비교적 가볍기도 하고, 또 원자 표면 쪽에 가깝기 때문에 다른 원자를 만났을 때 쉽게 반응하거든. 이때 원자는 전자를 잃고 양전하를 띨 수도 있고, 또는 전자를 얻어서 음전하를 띨 수도 있어.

머리카락에다 풍선을 문지르면 머리카락이 풍선 표면에 달라붙는 것도 이런 이유야. 아마 과학 시간에 이런 실험을 해 봤겠지?

일단 머리카락을 문질러서 마찰이 일어나면 머리카락에 있던 전자가 풍선으로 쉽게 옮겨가. 그 결과 풍선은 음전하를 띠고, 머리카락은 양전하를 띠지.

이렇게 전자를 잃거나 얻으면서 원자가 전하를 띠게 되면 원자들 사이에 힘이 생겨나기 시작해. 그게 바로 정전기력이야. 정전기력은 비슷한 전하를 띤 원자(+와 +, 또는 −와 −)끼리는 서로 밀쳐내고, 반대 전하를 띤 원자(+와 −)끼리는 서로를 끌어당기도록 만들어.

양전하를 띠는 원자는 음전하를 띤 원자를 끌어당기지만, 양전하를 띠는 다른 원자는 밀어내지. 마찬가지로, 음전하를 띠는 원자 두 개는 서로에게서 달아날 거야.

풍선에 달라붙은 머리카락을 다시 살펴보자. 머리카락과 풍선 표면에 있는 원자에 서로 반대되는 전하가 생겨났었지?
이렇게 서로 다른 전하를 띤 원자들이
서로를 끌어당겨서 풍선을 머리에서

떼더라도 머리카락이 풍선에 달라붙게 되는 거야.

인간은 이 정전기력에 의지해서 살아가고 활동해. 우리 몸은 정전기력을 이용해서 몸의 한곳에서 다른 곳으로 메시지를 전달하며 모든게 제대로 기능하게 하거든. 양전하와 음전하가 이동하는 덕분에 스스로 회복하고, 고통을 느끼고, 먹은 음식을 소화하거나, 감염 같은 위협에 대응하도록 몸의 여러 부분에다 알릴 수 있어.

이제 우리가 사는 세상 속 정말 많은 일들에 힘이 얼마나 중요한지 알 수 있겠지! 이 우주를 움직이는 숨은 지렛대를 우리 눈으로 볼 수는 없겠지만 힘을 이해한다면 매일 우리를 둘러싸고 있는 세상이 환하게 밝혀질 거야.

물리적인 힘, 감정적인 힘

과학적인 힘이 살아가면서 느끼는 압력과 대체 무슨 상관이 있는 걸까? 음, 네 생활을 한번 떠올려 봐. 집과 학교에서 보내는 시간, 친구들과 함께하는 일상들…… 앞에서 살펴본 힘들처럼 눈에 보이지 않는 밀고 당기는 힘을 겪으며 지낸다는 사실을 쉽게 알 수 있어.

그런 힘들의 예를 소개해 볼게. 중력이나 마찰력과 똑같은 방식으로 존재하는 힘은 아니지만 아주 생생하게 우리가 느끼는 힘들이지.

✳️ 전하를 띤 원자들처럼 우리가 이끌리거나 밀쳐내는 것들이 있어. 수영을 너무 좋아해서 얼른 수영장으로 달려가고 싶을 수도 있고, 물에 들어가는 게 싫어서 무슨 짓을 해서라도 물에 들어가는 건 피하고 싶을 수도 있어. 수영을 싫어하는 사람들이 물을 앞에 두고 뒷걸음질 치는 모습을 떠올려 봐. 마치 물에 있는 전하를 나눠 받아서 수영장에서 멀리 밀려나는 것 같아.

✳️ 부모님, 형제자매, 제일 친한 친구, 가장 좋아하는 장난감은 우리가 사는 세상을 이루는 자연스럽고 중요한 부분이어서 그게 없는 세상은 상상할 수 없을 정도야. 이런 건 우리에게 중력과 마찬가지야. 우리를 붙들어 주고, 그런 힘에 끌려가면 안심이 돼.

✳️ 살면서 압력을 맞닥뜨리기도 해. 마치 아주 무거운 책을 올려놓은 테이블이 되어 버린 것 같아. 이런 책은 아래로 무거운 힘을 가해서 우리도 그만큼 센 힘으로 책을 밀어내야 해. 물리 법칙대로라면 어떤 작용이든 그 작용과 동등하면서도 반대되는 반작용을 불

러일으키거든. 이런 압력은 친구 사이에서 받는 압박일 수도 있어. 다른 사람들이 등을 떠미니까 어떤 행동을 하거나 어떤 말을 해야 한다고 느끼는 거야. 또는 시험이나 시합처럼 잘 해내고 싶어 하는 행사가 주는 압박일 수도 있지. 아니면 마치 내가 종종 겪었던 것처럼 이 압력은 뇌와 몸이 남들과는 다르게 움직인다는 걸 알고 있는데도 남들에게 맞춰야 한다는 압박감일 수도 있어. 이걸 내면의 비판자라고 불러. 마음속에 생겨나는 의심 하나하나를 크게 키우고, 나쁜 이야기나 부정적인 평가가 마치 확성기가 울리는 듯 크게 느껴지게 만드는 조용한 목소리야.

'아래'로 누르는 압력과 더불어서 살아가다 보면 마찰력과 부딪히기도 해. 텔레비전을 보려면 숙제를 먼저 끝내야 할 수도 있고, 새 운동화를 사려면 용돈을 모아야 할 수도 있고, 벌을 받아서 우리가 좋아하는 걸 하지 못할 수도 있지. 물리 세계에서 벌어지는 일처럼 이런 마찰력은 우리 속도를 늦출지도 모르지만 우리에게 필요한 힘일 수도 있어. 설령 그 당시에는 그런 느낌이 별로 안 들더라도, 자연스럽게 멈춰 서서 우리가 생각할 수 있도록 도와주니까.

마지막으로, 우리 주변 세상에서 일어나는 일들처럼 감정적인 힘들도 때로는 서로 경합을 벌이기도 해. 스카이다이빙을 하는 사람을 땅바닥으로 끌어당기는 중력에 낙하산이 공기 저항을 일으키면서 팽팽하게 맞서는 것처럼 우리는 마치 동시에 여러 방향으로 끌어당겨지는 것 같은 상황에 처할 수도 있어. 매일 아침 내가 출석을 확인하는 줄에 서 있으면서 느꼈던 기분이 바로 그런 거지.

중력이나 전력이 우리 몸을 통제하듯이 이런 감정적 '힘'도 우리 생활을 둘러싸고 있어. 물리학에 등장하는 힘처럼 감정적 힘을 올바르게 이해한다면 이 힘을 더 잘 다룰 수 있지. 그러니 이런 힘을 어떻게 바라보고 다룰 수 있는지 살펴보면서 마무리해 보자.

> **펜과 종이, 아니면 핸드폰을 들고, 네 삶에서 찾아볼 수 있는 '긍정적'인 힘 하나와 '부정적'인 힘 하나를 적어 봐. 이제 그 힘들을 생각하면서 이어지는 글을 읽어 보렴.**

이렇게 감정적인 '힘'이 존재한다는 걸 알면 살아가면서 생겨나는 힘든 상황에 대처할 때 큰 도움이 돼.

우리가 기분이 나쁜 건 보통은 어떤 힘이 우리에게 작용하기 때문이거든. 이 힘은 우리 스스로 만든 것일 수도 있고, 다른 사람들이 만들어 낸 것일 수도 있지.

너무 두려운 수영 수업처럼 오늘 꼭 해야만 하는 일 때문에 겁이 날 수도 있어.

마찰력이 많이 느껴지는 일을 하려는 참일 수도 있지. 오래달리기나 힘든 숙제처럼 어려울 거란 게 빤히 보이는 일들은 선뜻 시작하기가 쉽지 않아.

또는 사람들이 우리더러 무언가를 하라고 억지로 시키는 건지도 몰라. 마치 '다른 사람들도 다 그렇게 하니까' 어떤 행동이나 말을 하라고 시키며 압박을 줄 때처럼 말이야. 또는 누군가 실제로 너를 기분 나쁘게 하려고 괴롭힐 때도 있지.

이렇게 여러 종류의 힘들이 지닌 차이를 깨달으면 상황에 맞게 어떻게 반응하는 게 가장 좋은지 결정할 수 있어.

감정적인 힘은 사실 네게 좋은 일이지만 하기 싫은 일을 해야만 할 때도 일어나기도 한단다. 말하자면 부모님이 채소를 먹으라고 시킨다거나 철자 시험을 복습하라고 시키는 일들이지. 이 상황에 작용하는 힘은 바로 네게 가장 좋은 것을 해 주려 하고, 때로는 네가 달가워하지 않는 일을 시키는 게 네게 이득이 된다는 사실을 알고 있는 걱정 어린 부모님이야.

한편 이런 감정적인 힘은 네 욕구와 기분을 전혀 고려하지 않고 있는 괴롭힘이라든가 친구 사이에서 받는 압박이기도 해. 마치 학교에서 만난 어느 여자 아이가 나더러 치마를 벗고 점심시간에 운동장을 돌라고 꼬드기려 했을 때처럼 말이야.

그 아이는 나를 괴롭히려고 했어. 이상하고 부끄러운 짓을 한다며 나를 웃음거리로 삼으려 했지. 힘이라는 렌즈를 통해 이 상황을 바라보니 이때 어떤 일이 벌어졌던 것인지 알게 되었지. 치마를 벗고 달리는 건 그 아이가 말했던 것처럼 멋있거나 재밌는 일일 리 없었어. 그런 행동은 그저 나를 당황스럽게 만들고, 그 아이에게는 자신이 힘이 세진 것 같은 기분을 안겨 줬을 테지.

어떤 힘든 상황이든 충분히 생각해 본다면 대개 이 상황에 어떤 힘이 작용하고 있는지, 그리고 그 힘을 발휘하는 사람이 누구인지 알아낼 수 있어.

그 상황은 어쩌면 다른 사람이 너를 돕거나 지지하려는 걸 수도 있어.

너를 괴롭히거나 네게 압박을 주려는 것일 수도 있겠지. (괴롭힘에 관한 더 많은 이야기는 이번 장 마지막에 실린 글을 확인해 봐.)

어쩌면 너 스스로에게 압박을 주는 것일 수도 있어. 중요하지만 그렇다고 그렇게까지 중요한 것은 아닌 시험을 지나치게 걱정하는 거지.

네가 느끼는 압력을 표현하는 너만의 방법을 찾아봐. 나는 주변에서 감지하거나 느낀 것들을 흉내 내고, 또 눈에 보이게 표현하려고 내 팔을 톡톡 쳤어. 그렇게 하면 머릿속 기분보다 더 현실적으로 느껴졌거든. 다른 감각을 자극함으로써 더 잘 이해하고 분명하게 생각할 수 있었어.

심지어 지금도 나는 중요한 결정을 내릴 때면 톡톡 두드리면서 스스로를 안심시켜. 자폐가 있는 사람들은 압박감을 느끼지만 그게 무엇인지 잘 모를 때가 많거든. 아주 흔한 일이야. 느끼는 걸 파악하기가 힘들기 때문에 그 느낌을 남들이 알아차리게끔 해 줄 만한 말을 찾아내기는 어려워. 묵직한 이불도 요긴한 방법이었지. 몸에다 똑같은 압력을 실어 줘서 폭 안겨 있다는 기분이 들었고, 그러면 마음이 차분해져서 난 다시 앞으로 나아갈 수가 있었어.

삶에 존재하는, 사람이나 감정이 주는 힘을 깨닫고 어떻게 하면 제일 좋은 방법으로 대응할 수 있을지 알아내는 건 정말 중요해.

그렇게 하면 이런 힘들이 대체로 좋고 중요한 것이라는 사실을 깨달을 수 있을 거야. 마치 신발에 마찰력이 꼭 필요하듯이 살아가는 데는 마찰력이 필요해. 우리를 꽉 잡아 주는, 중력을 발휘하는 믿을 만한 원천도 필요하지. 친구 사이에서 받는 압박이 주는 힘에서 벗어날 수는 없지만 어떻게 대응할지는 우리가 결정할 수 있잖아.

일단 이런 힘을 알아차리고 나면 인간 관계에서 받는 압박을 있는 그대로 바라보고, 또 정말로 우리를 좋아하는 사람들과 이용하려는 사람들을 구분할 수 있어. 다른 생각을 모두 가로막아버리지 않으면서 내면 비판자의 목소리를 들을 수도 있고, 우리에 관한 비판적인 이야기들을 새롭게 생각해 볼 수도 있지.

어쩌면 그 비판은 우리를 도우려는 선생님이 한 이야기일 수도 있어. 그렇다면 진지하게 들어볼 만하겠지. 아니면 그저 같은 반 누군가가 내뱉은 심술궂은 말일 수도 있어. 그건 귀담아 들을 필요가 없어. 그런 말은 우리보다는 그 말을 한 본인과 관련이 있거든. 그리고 그런 말은 오히려 본인이야말로 자기 삶 속에서 압박감 같은 힘에 영향을 받고 있다는 사실을 알려 줄 뿐이야.

우리를 둘러싼 힘을 단순히 느끼기만 한다면 그 힘에 압도당하기 쉬워. 다음 주에 치르는 시험에 관한 걱정이 네 뱃속에서 마치 잡초처럼 자라게 그냥 두거나, 다른 사람이 내뱉은 못된 말이 꼭 젖은 페인트처럼 네게 들러붙도록 내버려 둘 수도 있겠지. 그렇지만 이런 힘들에 관해 생각하고 깨닫고 이해하기 시작한다면 그땐 힘을 움켜쥐게 돼.

스카이다이빙을 하는 사람을 다시 떠올려 보자. 그 사람들에게는 공기 저항을 만들고 또 땅바닥으로 끌어당기는 중력을 줄여 줄 낙하산이 필요해. 문제를 마주쳤을 때 우리도 비슷하게 시도해 볼까? 잠시 멈춰 서서 마음을 느긋하게 먹고 기분에 관해 생각한 다음, 어떤 힘이 우리를 당기거나 밀어내는지 알아내는 능력이 바로 우리가 일상에서 써먹을 수 있는 낙하산이야.

괴롭힘은 무엇이고, 어떻게 다뤄야 할까?

괴롭힘은 학교에서 보게 되는 성장 과정 속의 달갑지 않은 일이야. 설령 우리가 직접 괴롭힘 당하는 표적이 되는 게 아니더라도 말이지.

간단하게 이야기하자면 괴롭히는 사람은 다른 사람에게 겁을 주거나 다른 사람을 화나게 하고, 다른 사람이 스스로를 부끄럽게 생각하도록 하는 사람이야. 밀치거나 꼬집는 사소한 괴롭힘도 포함해 물리적으로 공격하거나 상처를 입히고, 가짜 소문을 퍼뜨리며 어떤 식으로든 위협하지. 너를 끊임없이 비판하거나 놀리고, 또 다른 사람들도 자신처럼 똑같이 행동하게 만들려고 하며 언어적으로 공격을 해.

괴롭힘은 훤히 보이는 놀이터에서 일어날 수도 있고, 아니면 다른 사람들에게는 전혀 보이지 않게 휴대폰 메시지 속에서 조용히 일어날 수도 있어.

어떤 방법이건 간에 이런 가해자들이 괴롭히는 동기는 대개 똑같아. 이 사람들도 바로 힘이 세지고 싶다는 어떤 힘에 밀리고 있는 거야. 그래서 위협을 하고 네게 무언가를 시키려는 거지.

괴롭힘은 대처하기가 어려워. 그렇지만 몇 가지 자세히 알아 둬야 할 게 있고, 괴롭힘이 일어날 때 네가 할 수 있는 일 몇 가지도 있지.

알아 두어야 할 것

🔬 너무나 무섭게 느껴지는 이 가해자들은 대개 무언가를 두려워하고 있어. 이 사람들이 남을 괴롭히는 이유는 실제로 자신에게 없는 힘, 통제력, 자신감을 느끼고 싶기 때문이거든. 예를 들어, 누가 네게 '친구가 없다'면서 못되게 군다면 그건 아마 그 사람 본인의 인기가 불안하다고 여긴다는 뜻이야.

🔬 일반적으로 봤을 때, 스스로 행복하고 자신감이 넘치는 사람들은 남을 괴롭히지 않아. 바로 본인에게 문제가 있는 사람들이나 남을 괴롭히지. 이런 사람들은 마치 힘이 세고 성공한 것처럼 보일 수 있지만 사실은 그렇지 않을 가능성이 아주 커. 정작 자기 힘에 짓눌려 있기 때문에 남을 괴롭히면서 힘을 가하려 하지. 뭔지는 몰라도 자기 인생에서 벌어지는 일 때문에 걱정하고 있는 거야. 네가 이런 괴롭힘을 당하는 희생자일지는 몰라도, 문젯거리라거나 원인 제공자인 건 절대 아니야. 네 잘못이 아니야.

네가 할 수 있는 일 몇 가지

✳ 이야기를 하고 도움을 받을 만한 사람을 찾아봐. 괴롭히는 사람들은 네가 그렇게 하지 못하게 막으려고 할 거야. 누군가 이 사실을 알게 되면 더 힘들게 할 거라며 엄포를 놓을 수도 있어. 그런 건 무시해. 괴롭히는 사람은 대부분 네가 아무 말도 하지 못하게 만들어서 아무도 너를 도울 수 없게 하고, 자기들이 힘을 전부 거머쥐면서 생겨나거든. 그 사람들이 어떤 짓을 했는지, 또 다른 사람들을 어떻게 대했는지 그 사람들 부모님이 알게 된다면 그 힘은 마치 수챗구멍을 따라 물이 빠져나가듯 빠르게 사라질걸.

✳ 네게 끔찍한 일이 벌어진다는 사실을 인정하는 건 정말로 힘들어. 그렇지만 전체 사례 가운데 99퍼센트는 부모님이나 친구에게 어떤 일이 벌어지는지 이야기하는 것이 문제를 해결하는 가장 중요한 단계야.

✳ 한편으로, 실제로 괴롭힘이 벌어질 때 부모님이나 선생님이 항상 곁에 있지는 않을 거야. 실제로 따르기 어려울 수 있겠지만, 이런 상황에 해 줄 수 있는 최고의 조언은 바로 가해자들이 던진 미끼를 물거나 가해자들에게 화를 내거나 대꾸하지 말라는 거야. 그 사람들은 그 틈을 노리고, 화를 내거나 문제를 일으키는 게 마치 너인 것처럼 몰아가며 만족스러워하거든. 가장 좋은 대응은 바로

아무 행동도, 아무 말도 하지 않는 거야. 네가 훨씬 더 그릇이 큰 사람이라는 걸 보여 주고 그 사람들을 무시해. 그런 뒤에도 만일 그 사람들이 여전히 지치지 않고 괴롭힘을 이어 간다면 믿을 만한 어른의 도움을 받아서 알맞게 해결해야 해.

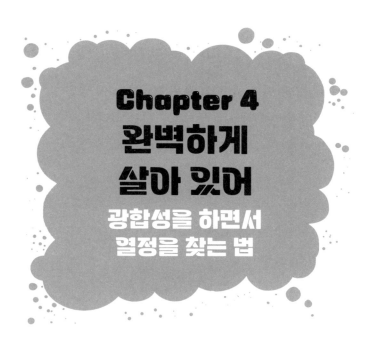

학교에서 한 가장 멋진 일은 어떤 거였어? 나는 중학교 3학년 영어 수업 때 나만의 언어를 발표한 일이 떠올라. 그 언어는 바로 나만이 말하고 해독할 수 있는 특별한 코드였는데 희한한 단어, 몸을 두드리는 행동, 그리고 컴퓨터에서나 날 법한 삐삑거리는 소리로 이루어져 있었어. 나는 이 언어를 에파스Epas라고 불렀어. 내가 잘 알기도 하고 또 나를 남다르게 만들어 주는 두 가지, 바로 간질epilepsy과 자폐 스펙트럼autism spectrum disorder에서 따온 표현이었지.

발표를 마치자 교실엔 조금 혼란스러운 침묵이 감돌았어. 그렇지만 나는 내 비밀을 세상에 털어놓을 수 있어서 신이 났지. 이 언어는 내게 중요한 거였거든. 단어와 몸짓을 써서 소통하는 고유한 이 방법을 정리하는 데만 몇 년이 걸렸고, 많은 사람들이 이 방법을 이상하다고 생각했지만 머리를 맴도는 생각과 기분을 처리하는 데 꼭 필요한 방법이었어.

끽끽거리는 소리, 요동치는 움직임, 짧게 전력 질주하는 행동은 마치 악기처럼 내 바깥으로 터져 나갔어.(여기에는 내가 제일 좋아하는 부록 소리도 있었지!)

짐을 덜어내지 않으면 벌컥 열릴 법한 빵빵한 여행 가방같이 내가 극도의 스트레스를 받을 때면 이런 일들이 일어났어(지금도 여전히 그래). 사람들이 소통하는 '정상적'인 방법이 힘겨웠던 나에게는 바로 그런 소리와 몸짓이 나 자신을 표현하는 방법이었지.

나를 표현하는 또 다른 방법에는 음악도 있어. 종종 밴드에서 기타를 연주했는데, 그러면 아무 말을 하지 않고도 다른 사람들과 어울릴 수 있었어. 말로는 표현할 수 없었던 온갖 생각과 감정을 연주로 드러냈지.

집에서 피아노를 칠 때도 마찬가지였어. 적혀 있는 악보를 보는 대신 귀에 들리는 음을 따라 연주했어. 새로운 곡을 연주하는 법을 익히는 건 마치 처음 해 보는 과학 실험을 할 때처럼 재밌고 신나는 일이었어. 줄곧 생각하거나 걱정하던 일들에서 벗어나 주의를 돌릴 수 있었어. 내 손가락이 피아노 건반에 닿고, 또 마음을 가라앉히는 음이 방 안을 채울 때면 자리에 앉아 있는 게 아니라 공중을 둥둥 떠다니는 기분이 들었지.

글을 쓰는 일도 나를 표현하는 방법이야. 매일 오후 일기장을 챙겨 앉아서 그날 일어났던 일들을 쓰고, 끄적이고, 그렸지. 그렇게 표현한 것은 다른 사람이 보기에는 전혀 말이 안 되는 경우도 많았지만, 평온함과 위로라는 소중한 느낌을 안겨 줬어. 그건 곧 내 세계였어. 내가 소유한 세계이자 오로지 나만이 이해하는 세계였고, 그저 좋아한다는 이유만으로 매일 다시 찾아가는 곳이었지.

음악과 글은 혼란스러운 세상에서 나를 표현하는 다양한 방법에만 그치지 않아. 음악과 글은 지금도 여전히 그렇고 세상에서 가장 좋아하는 두 가지이기도 하지.

아침이면 침대에서 벌떡 일어나게 만드는 것, 하루 종일 생각하며 지내는 것, 언제나 기분이 좋아지는 것, 바로 이게 내 열정이었어. 덕분에 하루하루를 지낼 수 있었어.

열정은 중요해. 살아가기 위해 의지하는 것들과 진짜로 살아있기 위해 필요한 것들은 서로 다르거든.

누구나 먹을 음식과 살 집이 필요하고, 매일 밤 충분히 잠을 자야 해. 이런 것들은 우리 몸과 마음이 굴러가게 만들어 줘. 케이크에 밀가루가 필요하고, 오케스트라에 바이올린이 필요하듯이 이런 건 삶에 필수적이지.

그렇지만 먹고, 자고, 안전하게 지낼 수 있다고 해서 삶을 살아가는 데 필요한 모든 게 갖춰지는 건 아니야. 우리가 가족과 친구들을 챙겨 주듯, 우리는 우리를 챙겨 주는 이들이 필요해.

또 열망을 추구하게 할 연료가 필요해. 이런 열망을 이루려면 노력과 연습이 많이 필요하고, 매번 우리를 신나게 하는 열정도 필요하지.

내게 과학이 세상을 이해하는 방법이자 가장 기본적이고 중요한 것이었다면 음악, 그림, 글은 내 열정이었어. 글은 에너지를 발산하는 수단이라서 마치 바람을 빼는 방귀 쿠션처럼 내가 긴장을 풀 수 있게 하고, 다시 '보통 때' 같은 기분을 찾게 했지. 뭐, 아주 이상한 나의 보통 때 말이야.

열정은 즐겨 보거나 즐기는 스포츠가 될 수도 있고, 제일 좋아하는 책종류가 될 수도 있고, 부엌에서 새로운 요리 레시피를 시도하는 일이 될 수도 있어. 너는 무언가를 만들거나, 춤을 추거나, 노래를 하거나, 수영을 하거나, 사람들을 도와서 기분 좋게 해 주는 행동을 좋아할지도 모르지.

중요한 건 무엇이 열정인지가 아니라, 네게 열정이 있다는 사실을 아는 거야. 무언가를 매일 떠올린다거나, 그것에 관한 새로운 내용을 보고 읽으려고 끊임없이 찾아다니며 관심을 가지는 것은 네 마음 속 깊은 곳에서 끓고 있는 열정이 있다는 분명한 신호거든.

그게 왜 중요한지 궁금하다면 이번 장을 읽으면서 네가 제일 좋아하는 공원이나 정원을 나와 함께 산책해 보자. 열정이 삶에서 왜 그렇게 필수적인 부분인지 이해하려면 어떤 것들을 알아야 하는지, 나무와 꽃이 전부 다 들려줄 거야.

주변의 나무나 꽃을 떠올려 봐. 이 식물들이 살아가려면 무엇이 필요할까?

먼저, 땅이나 흙이 필요해. 그래야 뿌리를 내려 빗물이 모인 땅 속에서 물을 빨아들이지. 공기도 필요하지. 공기 속에서 이산화탄소를 뽑아내야 하거든. 햇빛은 어때? 햇빛은 이 모든 일들을 가능하게 하는 재료야.

식물이 광합성이라는 과정을 거쳐서 양분을 먹고 살아가려면 앞에 나온 흙, 공기, 햇빛 이 세 가지가 필요해.

광합성은 제법 오랫동안 존재해 왔어. 실제로 34억 년 전부터 아주아주 아주아주아주아주 오랫동안 이어지고 있는 일이지. 최초의 미생물이 햇빛을 자기가 쓸 수 있는 에너지로 바꾸던 시절부터 말이야. 그 미생물은 당시에는 몰랐겠지만 또 다른 생명 활동을 위한 불꽃을 일으킨 거고, 이 불은 오늘날까지도 계속 환하게 타오르고 있어.

그렇다면 광합성은 무엇이고, 어떤 원리로 작용하는 걸까?

어쩌면 학교에서 이미 배웠을 수도 있고, 아니면 완전히 새로운 이야기일 수도 있어. 간단히 이야기하면 광합성은 식물이 햇빛, 물, 이산화탄소를 사용해서 스스로에게 필요한 음식인 포도당을 만드는 아주 똑똑한 과정이야. 이 음식은 식물이 자라는 데 필요한 에너지를 주지. 또 식물은 광합성을 하면서 산소를 만들어 내뿜어.

우리에게는 좋은 소식이야. 우리는 산소가 필요하거든! 우리는 산소를 이용해서 호흡이라는 화학 반응을 거치고 먹은 음식으로부터 에너지를 얻어. 숨을 쉴 때 바로 이런 멋진 일이 일어나지.

바다에 사는 해조류를 포함해서 사실 식물은 우리 인간과 다른 동물들이 들이마시는 공기에 산소를 뿜어내는 가장 큰 단 하나의 원천이야. 그래서 광합성은 단순히 식물만 살아가게 하는 게 아니고, 지구상 모든 동물들이 살아가게 해. 너도 물론이고!

우리 인간은 산소를 들이마시고 이산화탄소를 내뱉고, 식물은 어디서든 정확히 그 반대의 행동으로 이산화탄소를 쓰고 산소를 더 많이 만들어. 다시 우리는 그 산소를 들이마시는 바로 이 순환 덕분에 동물과 식물의 삶이 이어지지.

식물은 누가 뭐라고 해도 엄청나게 똑똑하고 유용한 유기체야. 스스로 알아서 먹고 살 수 있는 데다가 지구에 살아가는 생명체 대다수를 도와주잖아. 그러니까 다음번에 나무를 만나면 등을 꼭 두드려 주도록 해. 그리고 내킨다면 나무에다 자유롭게 이름을 지어 줘. 그냥 재미 삼아서 말이야! 나부터 시작해 볼게… 데이브나 맨디는 어때?

광합성이 일어나려면 필수적인 재료 세 가지가 있다고 말했지? 그중 딱 한 가지에 초점을 맞출까 해. 이 재료는 우리 인간이 어떻게 살아가고 성장하는지에 관해 알려 줄 점이 있거든.

바로 햇빛 이야기를 해 보자.

물과 이산화탄소는 광합성이라는 마법을 일으키는 핵심 재료지만 햇빛이야말로 숨겨진 비법이야. 햇빛이 모든 일을 일어나게 만들거든. 마치 네가 음식을 요리하려면 뜨거운 오븐이나 가스레인지가 필요한 것처럼 햇빛은 식물이 반응하는 데 필요한 에너지를 줘. 나뭇잎에 있는 엽록소라는 화학 물질을 자극하고, 그러면 식물이 에너지를 이용해서 이산화탄소와 물을 소중한 포도당으로 바꾸는 거야.

식물은 잎사귀를 통해서 햇빛을 흡수해. 그래서 주로 잎사귀는 맛있는 빛을 최대한 빨아들일 수 있게 넓고 납작하게 생겼어. 나는 식물의 이런 점이 좋더라. 자연은 식물이 모든 잎사귀 구석구석에서도 빛을 붙잡을 수 있도록 디자인해 두었지. 마치 몸을 쭉 뻗고 둥그렇게 감아서 태양을 꽉 끌어안기라도 하려는 것 같아.

이상한 각도로 자라거나 한 방향으로만 크는 식물이 종종 보이기도 해. 식물이 이렇게 자라는 건 그냥 재미 삼아서가 아니라 햇빛을 내뿜는 원천에 최대한 가까워지면서도 다른 식물을 가리지 않으려는 거야. 그게 귀여운 점이지. 화분에 심은 식물을 창문과 떨어진 부엌 식탁에다 놓아두고, 시간이 흐르면서 줄기와 잎이 창문 쪽으로 뻗어 가며 자라는 걸 지켜봐. 광합성이 일어날 수 있게 최대한 햇빛을 많이 흡수하도록 자라지.

이건 우리 인간 삶에서 열정의 모습과 닮았어. 우리에게 에너지를 주는 건 바로 열정이지. 열정은 우리가 축구 용품을 갖추고 뛰거나, 새로운 케이크 레시피를 시도하거나, 제일 좋아하는 작가가 새로 낸 책을 집어 들게 해 줘. 해가 비치는 창문을 향해 식물이 자라나듯 우리가 관심과 흥미를 품은 것들은 우리를 움직이게 하고, 우리는 그런 것들에 끌리게 돼. 그게 우리의 햇빛이지.

햇빛이 식물의 형태를 바꾸는 것처럼 우리가 좋아하는 일들도 우리를 바꿔 놓아. 미니어처 모형이나 레고를 조립하다 보면 우리만의 것을 만들기 위해서는 인내심이 필요하다는 사실을 배우게 돼. 운동을 하거나 악기를 배워 보면 무언가를 더 잘하기 위해서 얼마나 연습을 많이 해야 하는지 알 수도 있고. 책을 많이 읽으면 세상을 다르게 바라볼 수 있고, 다른 사람은 어떻게 바라보는지도 이해할 수 있어.

열정은 에너지를 줘. 좋아하는 일을 하면 신이 나잖아. 그렇지만 열정은 흙에다 물을 주는 것처럼 열정이 자라고 또 자랄 수 있게 우리에게 에너지와 노력을 쏟아 부으라고 요구하기도 해.

에너지와 노력을 들인다면 열정은 단순히 즐기는 것을 훌쩍 넘어선 무언가가 될 거야. 빼놓고 살아가는 걸 상상할 수 없게끔 자라나 우리의 일부가 되지.

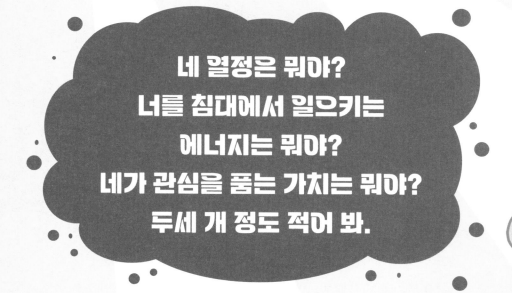

네 열정은 뭐야?
너를 침대에서 일으키는
에너지는 뭐야?
네가 관심을 품는 가치는 뭐야?
두세 개 정도 적어 봐.

열정은 중요해. 아마 이 점에 대해선 우리 모두 같은 생각일 거야. 하지만 그렇다고 해서 이게 쉬운 일이 되지는 않지.

열정은 보통 활기를 불어넣고 신이 나게 만들지만 불의, 좌절감, 또는 분노 때문에도 생겨나곤 해. 그래서 꼭 어떻게 해야 할지 모르더라도 행동하려는 욕망을 불러일으키지. 2018년, 그레타 툰베리라는 여학생은 기후 위기에 대처할 수 있도록 정치인들이 더 많이 행동에 나서야 한다고 분노했어. 그래서 자신의 고국인 스웨덴의 국회의사당 바깥에서 몇 주 동안 혼자 시위를 했지. 불과 한 사람에게서 시작되었던 일은 금세 전 세계적인 운동으로 퍼져 나갔어. 그레타는 기후 행동이 필요하다는 걸 알리며 세계적으로 영향력 있는 사람에 꼽히게 되었지.

모든 열정이 이렇게 전 지구적으로 커다란 영향력을 끼치지는 않겠지만(!), 그래도 적절한 관심만 있다면 작게 시작했던 일이 크게 자랄 수 있다는 점을 그레타에게서 배울 수 있지.

열정은 성장할 공간과 성장할 수 있는 환경이 필요해. 관심을 쏟고 주의를 기울이며 물을 줘야 해. 제대로 돌보지 않으면 식물이 시드는

것처럼 우리 역시 마땅한 시간과 공간을 부러 들여 열정을 기르지 않는다면 힘들어질 거야. 제대로 돌보지 않아서 우리의 중요한 부분을 잊고 지낸다면 기분도 좋지 않고 또 그보다 더 좋지 않은 일도 일어날 수 있겠지.

물론 한 가지 열정이 또 다른 열정으로 변할 수도 있겠지만 열정은 취미가 아니야. 취미는 우리가 즐기고 좋아하는 것이지만, 멀리 떼어놓는다고 해서 그리워할 만한 건 아니거든. 열정은 이보다 더 깊이 들어가. 바로 우리가 좋아하고 관심을 품은 일이며, 우리의 일부라고 할 수 있을 정도지. 도저히 빼놓고서는 살아갈 수 없는 무언가야.

취미가 나쁘다고 이야기하는 게 아니야. 여러 가지를 시도하면서 어떤 걸 딱히 좋아하지는 않는다는 사실을 깨닫는 것, 또 무언가를 훨씬 더 좋아한다는 사실을 깨닫는 것 모두 다 성장의 일부분이야. 우리 모두가 열성적인 독서광이나, 타고난 축구 실력자나, 재치 넘치는 제빵사가 되지는 않을 거야. 나도 역사처럼 정말 싫어했던 과목도 있었고, 손톱을 칠하는 것처럼 절대로 관심이 안 가는 일들도 있었지.

그래도 괜찮아. 살아가면서 모든 걸 좋아하고 즐길 수는 없으니까. 그리고 정말로 흥미가 가는 무언가, 네가 다가가야만 하는 햇빛의 원천을 찾아낸다면 너는 아마도 '출동' 버튼을 누르고 그곳에 노력을 쏟아 부을 테지.

그런 열정을 찾아내는 것 또는 그 열정이 우리를 찾도록 하는 것이 퍼즐의 아주 크나큰 핵심 조각이야.

열정을 붙잡아 두는 법도 배워야 해. 이건 보기보다 훨씬 어려운 일일 수도 있어. 바로 저번 3장에서 살펴봐서 익숙한, 친구 사이에서 받는 압박 때문이야.

어쩌면 학교에서 만난 누군가가 벽에다 어떤 밴드의 포스터를 붙여 두는 건 이제는 멋진 일이 아니라고 말할지도 몰라. 그 사람들은 수학은 따분하다든가 책을 읽는 게 안타깝다든가 네가 SF를 좋아하는 건 이상한 일이라고 이야기하려 들지.

어쩌면 한 명이 그러는 데서 그치지 않을지도 몰라. 반에 있는 아이들 거의 모두가 비슷한 입장일 수도 있어. 어쩌면 네 주변 사람 가운데 이 게임을 하거나 그 노래를 듣는 걸 좋아하는 사람은 기껏해야 두세 명뿐일 수도 있지.

그러면 어떻게 할 거야? 네가 좋아하는 일을 그만둘 거야? 누군가가 그게 재밌거나 흥미롭거나 멋있는 일이 아니라고 이야기했다고 해서? 이런 난감한 상황 때문에 많은 사람들이 열정을 숨기고 지내기도 해. '성가신 일이 벌어지는게 싫어'라고 생각하지만 사실 그 진짜 뜻은 '다른 사람들이 이걸 어떻게 생각할지 걱정돼'지.

너는 그렇게 하지 않았으면 좋겠어. 네 안에서 들리는 목소리를 귀담아 들었으면 해. 정말로 즐기고, 하고 싶어 하는 일이 무엇인지를 알려 주는 목소리에 귀 기울여 봐. 그럼 우리가 각자의 방식으로 걸어가는 법을 익히게 돼. 수많은 사람들과 반대되는 길을 가기란 쉽지 않지. 항상 그래야 할 필요도 없고. 그렇지만 내가 배운 한 가지는 이거야. 바로 열정을 속이는 게 제일 나쁜 일이라는 것!

누군가에게 잘 보이려고 무언가에 관심이 있는 척하는 건 그럴싸한 아이디어 같겠지만 마음이 공허해진단다. 또 연기를 해야 하니 피곤해지겠지. 정말로 좋아하는 일을 할 때 느끼는 즐거움, 에너지와는 정반대되는 것을 겪게 될 거야. 그런 건 플라스틱으로 만든 꽃 같아. 아무리 물을 주고 햇빛을 듬뿍 쬐어 줘도 자라나지 않지.

행복하고 인기가 많아지려면 주변 아이들이 하는 것들을 따라해야 한다고 마음먹은 적이 몇 번 있었어. 그래서 다른 여자 아이들이랑 똑같은 옷을 입고, 똑같은 텔레비전 프로그램을 보고, 똑같은 말투로 이야기했지. 보통 내게는 따분하다고 느껴지는 것들이었어.

그 어느 것도 나를 기분 좋게 하지 않았어. 솔직히 이야기하자면 역효과가 났지. 단지 별로 하고 싶지 않은 일을 했기 때문만은 아니었어. 한편으로 음악, 글쓰기, 과학 프로젝트 같은 내가 정말로 즐기는 일에 시간을 쏟을 기회를 놓치고 있다는 뜻이기도 했거든. 나는 그렇

게 교훈을 얻고, 두 번 다시는 진짜 열정을 부정하려 들지 않았지.

이번 장의 영웅, 광합성을 하는 식물과 우리가 다른 점은 한 가지야. 태양은 딱 하나뿐이고, 모든 식물은 그 태양을 향해 자라면서 태양이 내뿜는 빛을 최대한 많이 붙잡으려고 하지.

그렇지만 인간은 살아가면서 열정, 취미, 좋아하는 것들을 많이 가질 수 있어. 우리 모두는 아주 사적인 관심사를 지닌 개인들이니까 이런 관심사가 일반적인 고정 관념에 맞춰 '말이 되어야' 할 필요는 없지. 우리는 축구광이면서도 동시에 수학과 과학을 좋아할 수 있고, 펑크록을 좋아하면서 컵케이크를 굽는 걸 좋아할 수도 있지. 너를 들썩이게 하는 일들을 전혀 부끄러워할 필요 없어. 그건 에너지를 얻는 너만의 원천이야. 네가 설계했고, 네게 딱 맞는 것이지.

어떤 열정이든 가장 중요한 건 진실한 마음으로 열정을 대하는 거야. 다른 사람의 허락을 받으려 하지 마. 네 안에 있는 열정을 좇을 수 있도록 스스로에게 허락해 줘. 햇빛을 내뿜는 너만의 원천을 향해 움직이고 자라나는 거야.

Chapter 5
완벽하게 집을 찾은 기분이야
나의 서식지를 찾는 법

"엄마, 네 번째 쿠션 갖다 줘, 부탁이야!"
열두 살이 될 때까지 잠자기 전 엄마와 이런
대화를 주고받았어. 그 뒤에는 조심스럽고도
중요한 일과가 이어졌지.

쿠션 네 개를 T 모양으로 놓은 다음, 세로줄 위에 내 몸을,
가로줄 위에 고개를 놓아두었어. 토끼 장난감은 옆에다가
앉혔지. 그러고 나면 엄마가 나를 소시지 빵처럼 이
불로 돌돌 말아 꽉 감싸 주었어. 그러면 불빛과
이불이 누르는 힘이 딱 알맞게 느껴져서 그제야
잠이 들 수 있었지.

침실에 트는 누에고치는 바짝 통제했던 환경들 가운데 그저 하나일 뿐이야. 그런 환경에 의지해야 안전하고 행복한 기분이 들었지. 어쩌다가 머릿속에서 터져 나올 것만 같은 생각들 때문에 머리가 얼어붙을 때면 골판지 상자로 피신했어. 마음속에서 부서져 내리는 파도를 잠재우려면 바깥과 동떨어진 곳에 혼자 있다는 느낌이 필요했거든. 그러면 나쁜 생각이나 집어삼킬 것 같은 감정이 나를 해칠 수 없는 나만의 공간에서 스스로를 통제하고 있다는 생각이 들었어.

이렇게 완전하게 평온한 순간이 좋았어. 그 순간을 붙잡으려고 애쓰면서 내 눈을 빠르게 깜빡이곤 했지. 이 게임을 '저장'해 두었다가 필요할 때 언제든 돌아오려는 생각이었어.

안전하다고 느껴지는 공간이 모두 다 꽉 막혀 있는 건 아니었어. 배낭, 물, 비스킷을 챙겨서 탁 트인 언덕 꼭대기에 올라가 앉아 있는 것도 좋아했지. 그곳에서 웨일스 지역의 시골을 바라보며 이 세상에 내가 있을 자리가 있다는 걸 느꼈어. 나무들이 조용히 자리 잡고 있는 것도, 바람이 쌩쌩 불어오는 것도, 눈에 보이는 것보다 더 멀리까지 펼쳐진 들판이며 언덕이 보이는 것도 마음에 들었어. 자연이 꼭 끌어안아 주면 다른 사람들이 나를 대할 때보다 훨씬 더 큰 포용을 받는 기분이 들 때가 많았지.

심지어는 어른이 된 지금까지도 안전하다는 느낌을 받고, 내 안에서

들끓는 생각이나 두려움을 떨쳐내려고 찾아가는 장소가 있어. 골판지 상자는 오래전 떠나보냈지만 지금도 여전히 불안할 때면 책상 아래에 앉아 있기도 해. 머리 위에 '지붕'이 있는 것만으로도 훨씬 안전하다는 기분이 들었거든. 그러면 내 불안 발작이 지닌 제일 뾰족한 가시들이 사라지고 다시 명료한 생각을 되찾았지.

기분이 안 좋은 날, 제일 찾아가고 싶은 곳은 뭐니 뭐니 해도 과학 실험실이야. 어려운 문제를 해결하려고 하거나 새로운 정보와 씨름을 하거나 발견한 것의 의미를 찾아내려 애쓸 때면 다른 건 머릿속에 떠올릴 겨를이 없거든. 완전히 몰입하게 되어서 나를 성가시게 하는 커다란 두려움이나 나쁜 생각들을 전부 몰아낼 수 있게 돼. 과학은 집중하는 능력이라는 소중한 선물을 주었어. 머릿속에서 들려오는 소리, 방금 본 이상한 무언가, 달갑지 않은 냄새에는 더 이상 정신이 팔리지 않아.

맨 처음 과학 실험실에 발을 내딛었을 때 나는 나의 서식지를 발견했다고 느꼈어. 날 때부터 살아가도록 마련된 곳, 그리고 가장 편안한 곳이었지. 꼭 맞는 열쇠를 자물쇠에 집어넣는 것처럼 혹은 발을 제일 좋아하는 슬리퍼에 집어넣는 것처럼 실험실에서는 모든 게 딱 알맞게 느껴졌어. 언제나 집에 온 것 같은 기분이 들었지.

우리가 가진 세 가지 집

우리에게는 모두 이런 '집'이 있어. 바로 우리가 살아가기에 완벽한 환경을 갖춘 서식지야. 사실, 우리에게는 집은 여러 개가 있어.

가장 중요한 건 모두가 나누어 쓰고 있는 집이야. 바로 지구지. 네가 외계인이 착륙했다는 소식을 새로 들었거나, 침실 창문에서 외계인을 본 게 아니라면 내가 아는 한 우주에서 생물이 살아갈 수 있는 유일한 곳이 바로 여기 이 행성 지구야.

우주에서 지구는 아주 작을지도 모르지만 딱 알맞게 디자인된 행성이기도 해. 태양과 적당한 거리를 두고 있어서 우리가 얼어 죽을 만큼 춥지도 않고, 그러면서도 온도가 걷잡을 수 없이 높아질 정도로 가깝지도 않지. 지구의 대기는 우리가 호흡할 수 있게 산소를 주고, 독성이 있는 기체나 치명적인 방사선같이 태양계를 떠다니는 여러 해로운 것들을 막아 줘. 그리고 마실 수 있는 물처럼 몇 가지 유용한 것들을 더 얹어 주기도 해. 여러모로 제법 괜찮은 세트지!

지구는 우리가 나누어 쓰는 집이자 모든 인간의 천연 서식지야. 이게 바로 우리가 만나는 첫 번째 집이지.

두 번째로, 이 지구 안에서 우리는 저마다 '집'을 가지고 있어. 살아가는 장소 그리고 이 장소를 공유하는 사람들이 곧 우리의 집이야. 가족, 친구, 익숙한 곳, 또 '집에 온 것처럼 편하다'고 느끼는 아늑한 의자들로 이뤄진 서식지야.

그다음 세 번째 집은 바로 우리가 개인으로서 지니는 서식지야. 최고의 모습을 선보이고, 가장 자유롭고, 생각과 기분을 드러낼 수 있는 하나 또는 여러 가지 장소지. 마치 내 골판지 상자나 동네의 언덕빼기 혹은 과학 실험실처럼 말이야.

이 장에서는 바로 이런 서식지 이야기를 하려고 해. 우리가 성장하면서 선택하고, 또 완전히 우리 것으로 만들 수 있는 건 바로 이 서식지뿐이거든. 우리가 만들어 내고 살아가는 세상이자 살아있음을 느끼는 장소지. '서식지'라고 하니까 좀 낯설지? 인간도 지구라는 집에서 사는 하나의 생물이니까 서식지라고 써 볼게.

이런 서식지를 어떻게 찾아내는지, 또 네 서식지를 어떻게 탐구하면 되는지 좀 더 이야기를 나눠 보자.

잘 살아갈 수 있는 고유 서식지를 지닌 건 우리 인간만이 아니야.

실제로 네가 떠올릴 만한 식물이나 동물들은 모두 각자에게 맞는 서식지가 있어. 제일 더운 사막부터 제일 추운 극지방까지, 제일 깊은 바닷속부터 제일 깊은 열대 우림까지 우리가 살아가는 이 놀라운 행성 구석구석은 생명이 살아갈 서식지가 되어 주지. 너무 덥거나, 춥거나, 축축하거나, 건조한 곳은 우리 인간이 살 수는 없겠지만 다른 무엇이나 누군가에게는 완벽한 곳이야.

그건 어떤 뜻이냐면, 우리가 사는 이 세상에는 희한하고 대단한 생명체들이 가득하다는 거야. 이런 생명체들은 지구 위 가장 이상하고 위험한 곳에 살도록 적응해 왔지.

히말라야 깡충거미는 지구에서 제일 높은 곳에 집을 짓고 살아. 이들은 에베레스트 산 꼭대기 근처에 집을 짓는데, 거기서는 음식을 찾기가 너무 어려워서 먹을거리를 절대 놓치지 않아야 해서 눈을 여덟 개나 가지고 있어.

혹시 눈이 여덟 개인 게 지나치다고 생각했다면 다리가 여덟 개 달린 다른 동물은 어떨까? 완보 동물을 소개해 볼게. 크기가 1밀리미터를 넘을까 말까 한 이 작디작은 생물은 현미경으로 보면 마치 애벌레처럼 생겼어. 몸에 있는 물을 거의 전부 다 빼내서 탈수 상태에서 숨도 쉬지 않고 아무것도 먹지 않은 채로 살아남는 능력이 있지. 그 덕분에 지구 위 거의 어디서든 살 수 있어. 바다부터 정글까지, 화산 속, 심지어는 달에도 데려간 적이 있다니까!

이제 지구에 사는 작은 생명체에서 큰 생명체로 넘어와 보자. 혹시 북극곰 사진을 본 적이 있다면 이렇게나 덩치가 큰 동물이 매섭게 추운 북극의 겨울에 어떻게 살아남는 걸까 궁금했을지도 몰라. 겨울에 북극 기온은 영하 69℃까지 내려가거든. 그런데도 북극곰은 살아남아. 북극곰은 평생 이런 겨울을 평균적으로 25~30번 보내는데, 이건 북극곰이 얼음으로 뒤덮인 서식지에 똑똑하게 적응했기 때문이야. 북극곰은 하얀 털 덕분에 주변 환경에 섞여들 수 있고, 한편으로 하얀 털 아래 있는 검정색 피부는 태양의 열기를 가능한 한 모두 빨아들일 수 있지. 온몸, 심지어는 발바닥에도 털이 자라서 미끄러운 얼음을 잘 붙들도록 도와줘. 그리고 이 발바닥에는 물갈퀴

가 있는데 이쪽 얼음에서 저쪽 얼음까지 아주 효율적으로 수영하며 다닐 수 있게 해 준단다.

수많은 종들은 지구의 다양한 서식지에 살 수 있도록 적응했어. 모두 같은 행성에 살지만 지구에서 차지하는 아주 작은 자리는 어느 모로 보나 개인적이야. 다른 종들이 보기에는 위험하거나 혼란스럽거나 그저 이상한 것일 수도 있고, 어떤 종에게는 치명적인 환경이 또 다른 종에게는 편안하고 익숙한 집이 될 수도 있지.

인간인 우리들은 이미 공통의 서식지를 보유하고 있어. 그렇지만 개인의 입장에서는 이것만으로는 충분하지 않아. 개인적인 서식지도 찾아내야 해. 서식지 안에 있는 서식지랄까. 오로지 나만의 것인, 이 세상 속 특별한 장소를 찾아야 하지.

나만의 생태계 만들기

우리 인간의 개인적인 서식지를 규정할 수 있는 방법은 아주 많아.

개인적인 서식지는 딱 원하는 대로 정리하고 꾸며 둔 네 방처럼 특별한 장소나 공간일 수도 있어.

개인적인 서식지는 사람이 될 수도 있어. 어디에 있건 간에 늘 너를 편안하게 해 주는 사람들 말이야.

개인적인 서식지는 열정일 수도 있어. 좋아하는 일 그리고 그걸 할 때면 기분이 좋아지는 일이지.

이런 것들을 전부 조금씩 합친 것일 수도 있어. 머무르고 싶은 장소, 제일 즐기는 일, 그런 즐거움을 언제든 나누고 싶은 사람들, 이 모든 것들이 너를 행복하게 해 주는 무언가를 이루지.

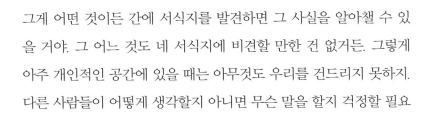

그게 어떤 것이든 간에 서식지를 발견하면 그 사실을 알아챌 수 있을 거야. 그 어느 것도 네 서식지에 비견할 만한 건 없거든. 그렇게 아주 개인적인 공간에 있을 때는 아무것도 우리를 건드리지 못하지. 다른 사람들이 어떻게 생각할지 아니면 무슨 말을 할지 걱정할 필

도 없어. 다른 곳에 가고 싶다거나, 다른 사람과 있고 싶다거나, 다른 일을 하고 싶다고 바라지도 않지. 진정한 우리 자신의 모습대로 있으면서 무언가를 감추려 들거나 거짓으로 연기하지도 않고 바로 그 순간을 살아갈 수 있게 돼. 그건 안전하고 편안하고 행복하다는 느낌을 안겨 주는 마법 같은 일이야. 우리 모두 즐기게 될 일이지. 아주 많이 즐기게 될 거야!

그렇다면 이 서식지를 어떻게 찾을까?

하룻밤 사이에 마법처럼 나타나기를 기대해서는 안 돼. 공간을 알맞게 정돈하거나 정말로 즐거운 일을 발견하거나 정말로 편안하다는 느낌을 안겨 주는 사람들을 알아가려면 시간이 걸려. 알맞은 가지를 찾아다니고 또 둥지를 틀기에 가장 좋은 자리를 고르려고 새가 알을 낳을 둥지를 찾는 데 걸리는 시간처럼 아주 오랜 시간이 필요하지.

여러 자잘한 단계를 거치고 나서야 어떤 새싹이 개인적인 서식지로 완전히 피어나게 돼. 그리고 이런 발걸음을 내딛으려면 지도가 필요할걸.

명심해 둬. 내가 '장소'라고 이야기한 건 네 침실이나 할머니 댁에 있는 편한 의자처럼 문자 그대로 어떤 물리적인 공간을 말하는 것일 수 있고, 또는 제일 좋아하는 책을 읽을 때나 특별한 음악을 들을 때

떠오르는 생각처럼 머릿속에서 찾아가는 공간일 수도 있어.

**네 우주에서 가장 중요한 장소를
모두 담은 지도를 그려 봐.
그곳을 좋아하는 이유는 뭐야?
어떨 때 그 장소에 제일 가고 싶어?
그곳에 같이 데려가고 싶은 사람은
누구야? 그리고 이런 장소에 가면
어떤 기분이 드는지
함께 지도에 그려 봐.**

이런 모든 장소는 우리 사람들의 '서식지'가 될 수 있어. 또 북극곰이 얼음 조각 한곳에만 머무르는 게 아니라, 여기저기를 수영해서 다닌다는 사실도 떠올려 봐. 마치 다른 동물들이 각자의 집이 되어 주는 사막, 열대 우림, 초원을 떠돌아다니는 것처럼 말이야. 이처럼 서식지는 몇 가지 특정한 종류의 장소로 이뤄져 있을지 모르지만,

그렇다고 해서 우리가 여러 곳을 돌아다닐 수 없다는 뜻은 아니지.

시간이 흐르면서 서식지가 변하기도 해. 우리가 자라고 새로운 사람들을 만나고 새로운 학교같이 다양한 환경에 들어서게 되면, 우리는 새로운 것들을 더하고 가구를 좀 바꿔 보고 벽에 붙여 둔 포스터를 다른 것으로 갈아 보고 싶어질걸. 그렇지만 그 장소의 형태는 아마 그다지 달라지지 않을 거야. 음악이 지금 너의 열정이라면 아마 나중에도 계속 그럴 거야. 그저 다른 음악을 듣는 걸 즐기게 되겠지. 우리가 성장하면서 좋아했던 '장소'들은 대개는 삶의 어떤 단계에서건 우리가 돌아가고 싶은 장소가 되기도 해. 그냥 생김새만 조금 다를 뿐이야.

이런 장소를 적어 두면 우리가 행복하거나 슬프거나 불안하거나 품에 안기고 싶은 기분이 들 때 어디에 가는 걸 좋아하는지 떠올릴 수 있어. 우리 인생 속 나만의 보물지도처럼 그 모든 감정의 황금이 어디에 묻혀 있는지 일깨워 주는 거지.

그리고 이건 개인적인 지도이니 다른 사람에게는 별다른 의미가 없지. 그 지도가 알려 주는 보물은 네 것이야. 마치 히말라야 깡충거미가 에베레스트산에서 살아가는 데에 적응했듯이 네가 완벽하게 적응한 네 삶 속의 장소, 사람, 사물들이지.

너는 그 누구보다도 그 지도를 잘 알고 있으니, 언제든 원하는 만큼 빠르게 너만의 서식지로 돌아갈 수 있을 거야. 이건 중요하니까 잘 기억해 둬. 인간인 우리는 이 지구라는 똑같은 서식지를 나눠 쓰지만, 나의 개인적인 서식지는 너의 개인적인 서식지와 달라. 마치 네 개인적인 서식지가 가장 친한 친구와도 다르고, 네 형제자매와도 또 다른 것처럼 말이지. 우리는 모두 같은 종이지만 저마다의 고유하고 특별한 방식으로 자신만이 살아갈 삶에 적응해.

지금쯤 이런 궁금증이 떠오를지도 몰라. 이렇게 우리 모두가 각자의 서식지를 지니고 있다면 대체 우리가 어떻게 가족이 되고, 친구가 되고, 관계를 맺으면서 살 수 있을까? 아주 좋은 질문이야. 삶 전체는 타협의 문제야. 공통점을 최대한 활용하는 동시에, 우리를 남다르게 만드는 요소들도 존중하는 거지. 이렇게 타협을 한다는 건 때로는 우리의 서식지를 떠나서 다른 사람의 서식지에서 시간을 보내야 한다거나 또는 보내고 싶어 한다는 의미이기도 해. 그 사람들을 사랑하기 때문이야. 어쩌면 별로 관심 없는 축구 경기를 함께 본다든가 혼자였다면 고르지 않았을 만한 음식을 시도해 볼 수도 있지.

이런 행동들은 다른 사람이 자신의 선택과 취향을 기분 좋게 여기게 해 줄 거야. 선택과 취향은 그 사람의 서식지를 이루는, 아주 사소하지만 중요한 것이거든. 다른 사람과 연결되는 법을 익히는 것, 그리고 익숙지 않은 영역으로 들어가 보겠다는 마음을 품는 것 모두 주거니 받거니 하며 살아가는 과정이야. 여행을 떠나거나 손님을 받아들이지도 않은 채 우리만의 작은 섬에서만 평생을 보낼 수는 없어. 엄청나게 지루해질 거고, 배가 고파질 거라는 건 말할 필요도 없지!

이렇게 균형을 찾아가면서 우리는 인간이라는 종이 얼마나 서로에게 의지하는지 배워. 우리는 다른 사람이 필요해. 이건 곧 다른 사람들의 서식지를 우리 자신의 서식지만큼이나 존중하고 이해해야 한다는 뜻이야.

우리 아빠가 이걸 잘 설명해 주셨어. 아빠는 우리 가족이 '생태계'라고 했지. 저마다의 욕구와 개인적인 취향을 지닌 여러 사람들이 아주 생기 넘치게 뒤섞여 있는 곳이야. 지구에 사는 다양한 동식물 덕분에 자연 세계가 너무나 아름다운 것처럼 이렇게 서식지들이 모여 이루는 생태계는 희한하고, 활기차고, 예측할 수 없으면서도, 엄청나게 소중한 곳이기도 해. 이곳이 지닌

다양성과 우리가 서로를 진심으로 배려한다는 사실 때문이지.

이론적으로만 따져 본다면 이 가족 생태계는 제대로 작동하지 않아야 할지도 모르지만 실제로는 제대로 굴러가. 모두가 각자의 서식지를 가꾸고, 또 서로의 서식지도 존중하기 때문이야. 여기서 훨씬 더 중요한 점은 부모님이 자신들의 시간, 에너지, 열정을 희생해서 우리들의 서식지를 가꾸게 하는 사랑을 품고 있었던 덕분이지. 이건 모든 부모님이 줄 수 있는 최고의 사랑 표현이야. 그렇기에 네 부모님이나 너를 사랑하는 사람들과 한 팀을 이루며 살아가는 게 중요하기도 하지. 이 사람들은 네게 가장 좋은 일만 이뤄지기를 바라고, 또 네가 그걸 이룰 수 있도록 희생할 준비가 되어 있는 사람들이거든. 다음에 냄새 나는 양말을 좀 치우라는 잔소리를 들을 때면 이 점을 기억해 둬!

훨씬 많은 서식지들이 있다는 걸, 또 가끔은 그런 다른 서식지에 찾아가 보는 게 좋다는 걸 절대 잊지 마. 그렇지만 다른 곳에서 편하게 지내는 것보다도 제일 먼저 우리 고유한 서식지를 찾고 명확히 해야겠지.

네가 크리스마스를 북극의 얼음 위에서 보내려고 하지 않고, 또 북극곰도 굳이 너희 집 거실 난로 앞에 앉아 선물을 열어 보며 크리스

마스를 보내려 하지 않듯이 모두가 자신을 위해 만들어진 생태계를 찾아내서 편안하게 지내야 해.

그러니 생각하고, 그려 보고, 지도를 만드는 일을 어서 시작해 보렴. 이건 아름다운 삶의 부분이야. 일단 지도를 만들어 두면 안전하고 편안하고 행복한 추억이 있는 장소로 돌아갈 길을 언제나 확보해 두게될 거야. 언제든 집으로 돌아가는 길을 찾을 수 있어.

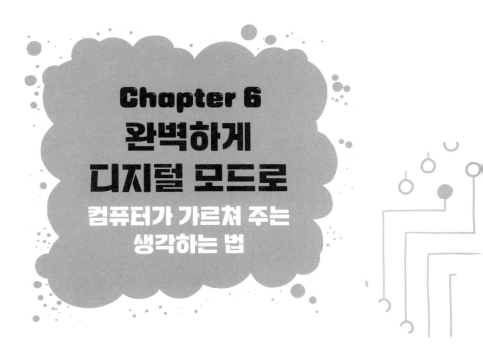

Chapter 6
완벽하게
디지털 모드로
컴퓨터가 가르쳐 주는
생각하는 법

기술은 너무나 놀라워. 어떻게 그렇게 작동할 수 있는지 미스터리야. 아이패드가 어떻게 화면을 누비는 손가락을 그대로 따라갈 수가 있는지, 아마존의 알렉사가 사람의 말을 어떻게 이해할 수 있는지, 손에 들고 있는 텔레비전 리모컨이 눈앞에 있는 화면과 어떻게 소통을 하는 건지 궁금했던 적 있니? 어휴, 생각만 해도 벌써 뇌가 지끈거리지!

나는 어릴 적 이런 것들이 궁금했어. 물론 그때의 기술은 지금보다 발달이 좀 덜 되어 있었어. 너라면 버튼 몇 개를 터치해서 좋아하는 텔레비전 프로그램이나 팟캐스트를 재생할 수 있겠지만, 나는 비디오테이프라는 물건을 특별한 재생 기기에 집어넣어야 했어. 그래, 정말이라니까! 엄마 아빠에게 물어봐.

그 당시 나는 비디오테이프가 비밀스러운 마술이라고 생각했어. 그리고 그 마술을 나도 써먹을 수 있을 거라고 생각했지. 여섯 살이었던 나는 지루한 옛날 영화가 들어 있는 우리 아빠의 비디오테이프 한 개를 꺼냈어. 그리고 라벨에 연필로 쓰인 제목을 문질러서 지우고, 그 자리에다 반짝거리는 펜으로 '바비의 성'이라고 대신 적었지. 그런 다음에 비디오테이프를 플레이어에다 집어넣고 〈바비의 성〉이 재생되는 운이 따르기를 바라며 눈을 질끈 감았어.

아마 너는 똑똑해서 이 방법이 먹히지 않았을 거라는 사실을 벌써 알아차렸을지도 몰라. 짐작하다시피 내 눈앞에선 전과 똑같은 영화가 재생되었고, 바비는 어디에도 보이질 않았지.

때로는 기술은 이렇게 우리를 실망시키거나 좌절시키지. 하필 최악의 순간에 배터리가 다 닳기도 하고, 더 이상 제대로 작동하지 않는 버튼을 누르기도 해. 게임이건 검색 엔진이건 알렉사건 우리의 의도를 기계가 못 알아듣기도 하지.

이 장은 아쉽게도 그런 문제들을 전혀 설명하거나 해결해 주지는 못할 거야. 이런 기계가 정확히 어떻게 작동하고, 또 왜 고장이 나는지 자세히 살펴보지도 않을 거야. 그런 건 복잡하니까!

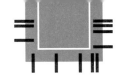

그렇지만 컴퓨터의 작동 방식 하나는 살펴보고 싶어. 인간인 우리들에게 중요한 교훈을 알려 주거든. 바로 컴퓨터가 '생각'하는 방식 이야. 기술적으로 표현하자면, 컴퓨터가 받아들이는 정보를 어떻게 처리하고, 결정을 내리는지 알아보자.

그 과정을 잘 생각해 보면, 우리가 살아가면서 매 순간 하는 행동과 정확히 일치하거든. 우리는 오감을 통해서 정보를 받아들이잖아. 방안이 얼마나 덥거나 추운지, 발아래 놓인 길이 얼마나 미끄러운지 끊임없이 파악하지.

그렇게 정보를 받아들이고 나면 외투를 입을 것인지, 넘어지지 않으면서 얼마나 빠르게 길을 걸어갈 수 있을지처럼 어떤 판단과 결정을 내리게 돼.

어떤 것들은 결정하기 쉬워. 심지어는 생각할 필요도 없지. 너무 뜨거운 물건을 만지게 되면 곧바로 손을 확 떼어놓을 거야. 고통이 느껴지니까. 네 손이 데었다는 걸 알아차리고 그 다음에 할 행동을 결정하는 데는 10초가 걸릴 일도 없지.

그렇지만 어떤 것들은 결정하기 어려워. 정보는 복잡하고 답은 명료하지 않아. 그러면 실제로 생각을 해 봐야겠지.

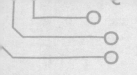

예를 하나 들어보자. 친구가 슬퍼한다는 걸 알게 되었는데, 그 친구를 돕거나 위로하는 데에 가장 좋은 방법이 무엇일까? 어떤 일 때문에 골치가 아픈지 물어봐야 할까 아니면 이야기를 꺼내지 않는 편이 나을까?

그런 상황이 찾아오면 어떻게 해야 할지 생각하느라 시간을 하염없이 쓰는 경우가 많아. 어떤 걸 선택해야 할지 고민하고, 내리는 판단을 의심하게 될 거야. 어쩌면 과연 어떤 행동이 '알맞은지' 고민하느라 자신감이 없어질지도 몰라.

우리는 기계가 아니라 인간이기 때문에 이런 결정을 내릴 때 감정이 큰 역할을 해. 행동은 주로 우리가 느끼는 기분이 낳은 결과야. 그럼 문제가 생기지. 때로 나쁜 결정은(그리고 우리 모두 다 나쁜 결정을 많이도 내리지!) 강력한 감정이 일으킨 결과인데, 피곤하거나 배가 고파서 아니면 화가 나서 그리고 다른 때에 비해 똑 부러지게 생각하지 않아서 후회스러운 행동을 하게 돼.

이런 점에서는 컴퓨터가 유리하지. 컴퓨터는 너랑 똑같이 '창의적'으로 생각할 수는 없지만, 실수를 일으키는 인간적인 감정은 전혀 느끼지 않아. 컴퓨터는 그저 정보를 처리하고 찾아내도록 프로그래밍된 답이나 결정을 내뱉을 뿐이지. 무엇을 해야 할지를 몇 시간 내리 고민하거나, 스스로 내린 결정에 자신 없어하는 일도 없어.

쉬워 보인다고? 음, 컴퓨터가 어떻게 그렇게 결정을 내리는지 조금 더 자세히 알아보자. 그리고 더 명료하게 생각하고 자신 있게 결정을 내리는 법에 관해 컴퓨터가 우리에게 가르쳐 줄 만한 게 있는지 살펴보는 거야.

구글 검색의 과학

모두에게 익숙할 법한 사례로 시작해 보자. 구글 검색은 다들 알고 있지? 우리는 검색 엔진에 몇 글자만 입력하면 세상에 있는 모든 것에 관한 정보를 만나는 일을 당연하게 여겨. 인터넷이 생겨나기 전이었다면 도서관에서 찾아보느라 몇 시간씩 걸렸을 정보들이지.

숙제하는 데 어마어마한 도움을 주는 이 '꿀팁'은 대체 실제로는 어떻게 작동하는 걸까?

너무 자세하게 살펴볼 필요도 없이 여기에는 중요한 두 가지 방법이 있어. 첫 번째는 바로 '인덱싱'이라는 방법이야. 인터넷에 있는 모든 유용한 페이지를 활용해서 방대한 디지털 도서관을 만드는 일을 그럴싸하게 표현한 말이지. 구글은 웹 페이지를 기어다니는 '스파이더'라는 컴퓨터 프로그램을 이용해서 이런 작업을 해.

디지털 도서관은 정말로 방대해. 웹 페이지 수천억 개를 담고 있는데, 이건 실제로 존재하는 모든 것들의 그저 일부일 뿐이지.

검색창에 무언가를 입력하면 그다음으로, '랭킹'이라는 컴퓨터 프로그래밍이 치고 들어오며 제 역할을 해. 네게 가장 알맞고 중요한 내용이 무엇일지 알아내기 위해 검색 엔진이 쓰는 방법이야. 이를테면 어디서 검색을 하는지, 또 예전에 찾아봤던 내용은 무엇인지 이를 바탕으로 판단을 내리지.

만약 구글에 '푸들'이라고 검색하면(나한테는 웬디라는 예쁜 푸들이 있거든), 검색 결과 첫 번째 페이지에는 믿을 만한 출처에서 나온 견종에 관한 정보가 나올 거야. 또, 좀 더 구체적으로 관련 있는 내용들을 검색해 볼 수도 있겠지. 영국에서 푸들을 입양할 수 있는 곳, 우리 지역 수의사를 찾는 법, 강아지 장난감을 파는 곳 등을 찾아보는 거야. 만약 최근에 푸들을 다룬 기사가 있었다면 그것도 보게 되겠지.

달리 표현하자면, 한번 구글 검색을 할 때마다 그 뒤에서 강력한 컴퓨터 프로그램이 작동해서 인터넷 전체를 거르는 필터처럼 이상하거나 별로 도움이 안 되는 내용은 걸러내고 가장 유용할 만한 결과만 보여 줘. 나는 영국에 살면서 개를 기르고 있기 때문에, 미국 뉴욕에서 제일 좋은 강아지 유치원이 어디인지 알 필요가 없겠지. 설령 내가 뉴욕으로 여행을 가더라도, 또 검색 엔진이 그 사실을 알고 있더라도… 소름끼치지!

이제 잠시 한 발짝 물러나 볼까. 작동할 때 필요한 지시사항을 알려주는 이런 랭킹 알고리즘은 엄청나게 똑똑하고 복잡해 보이지만, 사실 그 뒤에는 아주 단순한 생각이 자리 잡고 있어. 랭킹 알고리즘은 질문을 던지거든. 이 페이지는 적절할까? 최신 내용일까? 믿을 만할까? 그리고 몇백 가지 요소를 한꺼번에 고려해서 훨씬 더 많은 질문을 던져.

그렇지만 잘 기억해 둬야 해. 이런 검색 엔진의 모든 점이 훌륭하지는 않아. 랭킹 알고리즘이 좋아하는 인기 있는 링크라고 해서 그 페이지에 실린 정보가 꼭 유용하거나 정확한 것은 아니야. 온라인에서 읽는 걸 전부 다 믿지는 마. 위키피디아도 마찬가지고!

그렇지만 구글은 좋은 질문을 던지는 것, 그리고 정보를 향해 질문을 던지는 것이 아주 중요하다는 사실을 알려 줘.

그리고 여기서 배울 점이 있지. 질문을 더 많이, 더 자세히 던질수록 우리는 더 똑똑해져. 제일 먼저 알맞은 질문을 던져서 중요한 정보를 직접 알아내지 않는다거나 정보에다 뇌를 딱 붙여 두지 않는다면, 우리는 제대로 생각을 할 수도 없고 좋은 결정을 내릴 수도 없겠지.

134

이게 과학의 제일 기본이야. 그러면 질문을 해 보자.

질문이 중요한 이유

기억하는 한, 나는 언제나 질문하는 걸 좋아했어. 항상 교실에서 손을 드는 바로 '그 애'였지. 배우는 것보다 조금 더 알고 싶었어. 미래에 가질 직업인 과학자처럼 어릴 적 나는 늘 새로운 것을 찾아내려고 했고, 들은 내용이 정말로 사실인지 알아내려고 했어.

물론 아이들은 모두 다 질문을 던져. 특히 나이가 어려서 주변 세상에 있는 것들을 말 그대로 전부 발견해 가고 있을 때는 말이야. 그렇지만 뜻밖에도 나이를 먹을수록 질문을 던지기가 점점 어려워져. 꼭 진흙에 발이 빠진 사람처럼 우리가 하던 방식대로 굳어버리게 되거든. 더 성숙해지고 정보를 처리하는 능력이 좋아질수록 정보를 구해야겠다는 생각은 더 줄어들지. (그런 걸 두고 역설이라고 하는데, 말이 안 되는 것 같지만 사실인 것을 가리키는 표현이야.)

질문을 던지기 어려운 것에는 여러 이유가 있어. 손을 들고 질문을 하면 교실에 있는 다른 사람들이 전부 다 쳐다볼 테고, 만약 그게 '바보 같은' 질문이거나 답을 진작 알고 있어야 마땅한 질문이라면 사람들이 웃음거리로 삼을 테니까.

공개적으로 질문을 하기 앞서 보통 우리는 머릿속에서 먼저 수많은 질문들을 던져. 내가 답을 이미 알고 있는 건 아닐까? 다른 사람들은 어떻게 생각하고, 또 어떻게 반응할까? 이렇게 행동하면 바보 같아 보일까? 이 모든 건 자연스럽고 인간적인 생각과 걱정이지만 무언가를 배우고 찾아낼 때는 정말 하나도 도움이 안 되기도 하지.

어떤 과학자든 이렇게 이야기할 거야. '우리 일의 기본은 바로 좋은 질문을 던지는 능력'이라고 말이야. 좋은 질문을 던지기에 앞서 먼저, 알맞은 질문이 무엇인지 파악해야 해. 말이야 쉽겠지만! 그다음엔 그 질문을 탐구하는 방법을 찾아내야 해. 주로 실험해서 탐구하지.

만일 과학자들이 자기가 바보 같아 보이거나 일을 그르칠까 봐 걱정하면서 시간을 죄다 보냈다면 과학은 아주 조금밖에 발전할 수 없었을걸. 과학에서는 일이 틀어져서 예상치 못한 답을 얻는 것까지도 모두 하나의 과정이야. 실험하는 데 도움이 되거든.

여기서 우리가 풀어내야 하는 역설이 또 하나 생겨. 호기심을 품고 질문을 많이 던지는 것은 배우고 발전하는 데 제일 좋은 방법이지만 그렇게 하기 어렵다는 거야. 남들에게 평가를 받고, 심지어는 조롱당할 때도 있으니까. 마치 저 칠판 앞으로 나가 손을 들고 머릿속에

맴도는 질문을 목청껏 이야기하는 것과 같아.

어렸을 적, 나는 이 방면에서 아주 뛰어났어. 자폐가 있다는 건 곧 주변 세상에 대해 질문이 더 많다는 이야기였고, 또 그런 질문을 던졌을 때 다른 사람들이 어떻게 생각할지 또래보다 걱정이 덜하다는 의미이기도 했어. 나는 일단 질문을 던지고 봤지. 왜 그 셔츠랑 신발을 같이 걸쳤어? 저 남자는 왜 저렇게 요란하게 음식을 씹는 거야? 이사람은 왜 목소리가 이상해? 저 의자는 왜 주황색이야? 때로는 사람

137

들이 웃음을 터뜨리거나 얼굴을 붉히거나 어이가 없다는 듯이 눈을 치켜떴지만, 그래도 질문을 계속 던졌어. 정말로 알고 싶었거든.

이제 와서 깨달은 것은 당혹스러워할 줄 몰랐던 점이 바로 내 초능력이었다는 거야. 그 덕분에 다른 사람들이 용기가 없어 소리 내어 말하지 못하는 질문을 던졌어. 그건 곧 내가 어린 시절부터 과학적인 방법을 갈고 닦으면서, 항상 탐구하고 발견할 수 있었다는 뜻이지.

그렇게 하면 마치 컴퓨터 프로그램이 된 것 같은 기분이 들었어. 알고리즘은 당황하지 않으니까. 남들 눈치를 보거나 친구들 사이에서 받는 압박을 느끼지도 않지. 그저 자신이 찾아내도록 프로그래밍된 답을 얻을 때까지 데이터를 빠르게 처리하고 답을 내놓을 뿐이야.

우리가 살아가는 데 질문이 중요한 이유는 정말 많아. 바로 질문을 던져야 하는 필요성에 관해서 어쩌면 우리 모두 여기서 배울 점이 있을지 몰라.

🔬 질문은 곧바로 '파악'이 안 되는 것들을 이해하게 도와줘. 어떤 개념에 관한 자세한 설명을 듣는 일은 교과서나 온라인 기사를 찾아보며 스스로 파악하는 것보다 더 쉽기도 해. 질문을 던지면서 대화를 시작하고, 이해하지 못하는 부분에 더 초점을 맞추고, 우리가 쓰는 말들로 설명할 수 있지. 질문은 학습할 때 쓰는 최고의

도구 가운데 하나야.

✳️ 질문 덕분에 우리는 올바르거나 정당하지 않다고 생각하는 일들에 이의를 제기할 수 있어. 때로 사람들이 여럿 모여 있는 상황에서는 단순히 어떤 문제에 관해 아무도 말하지 않는다는 이유만으로 사람들이 침묵을 지키기도 해. 이때 집단에서 받는 압박이 조용하게 생겨나. 모두가 가만히 있으면 우리는 다른 사람들이 만족스러워하는 거라고 짐작하지. 그리고 문제를 지적하면 훼방을 놓거나 무례한 일이 될 수도 있다고도 생각해. 이런 상황에서는 질문을 던지기 더 어렵지만, 한편으로는 그렇게 질문을 던질 용기를 내는 게 더더욱 중요해져.

✳️ 또, 질문은 우리가 회의적인 태도를 품게 해 줘. 회의적이라는 건 읽거나 들은 내용을 곧이 곧대로 받아들이지 않고 어느 정도 의심한다는 뜻이야. 알고리즘과 마찬가지로 우리는 평생 동안 정보를 받아들이면서 살아가는데 (컴퓨터 과학에서 쓰는 표현을 빌리자면 데이터를 소화하면서 살아가지) 그렇지만 그런 데이터가 전부 다 사실이거나 정확한 건 아니거든. 특히 인터넷에서는 읽고 듣는 걸 전부 다 믿어서는 안 돼. 어떨 때는 그런 정보가 사실이 아닐 수도 있고, 일부러 오해를 불러일으키려고 지어낸 것일 수도 있어. 한쪽 주장에게서 관심을 떼어 놓으려고 다른 한쪽 주장을 과장되게 강조하는 특정한 방식으로 나타날 수도 있어. 또 어떨 때는 새로

운 게 필요하다고, 또는 그걸 좋아하거나 싫어해야 한다고 설득하려는 정보가 있을 수도 있지. 학교에서도 마찬가지야. 같은 반 아이에 관한 어떤 소문을 들었다고 해서 그 소문이 진짜는 아니야. 그런데도 사람들은 '누가 이야기해 줬다'는 점 빼고는 증거가 전혀 없는 이야기들을 퍼뜨리지. 대개는 누가 누군가에게 이야기하고 또 그 누군가가 이야기를 전하면서, 이야기가 더 극단적으로 바뀌고는 해. 그리고 사실에서는 점점 더 멀어지지!

특히 온라인에서 무언가를 읽을 때는 항상 곰곰이 여러 번 곱씹어 생각해야 해. 나는 스스로에게 이런 질문을 던져. 이 정보는 믿을 만한 출처에서 나온 걸까? 한 번 더 확인해 보지 않고 그대로 믿어도 될까? 이 정보를 공유하는 계정은 오해에 빠진 사람들을 이용해 무언가를 얻어 내려는 게 아닐까? 내게 요청하는 것(이를테면 개인정보를 공유하는 것처럼. 안전하다는 확신이 제대로 들기 전까지 절대로 하면 공유하면 안 되지)과 관련해 위험한 구석이 있을까?

어느 과학자든 똑같은 기본 데이터도 다른 수많은 방식으로 표현해서 다르게 생각하도록 만들 수 있다고 이야기할 거야. 그렇기에 독립적으로 생각하는 사람이 되려면 회의적인 태도를 품는 게 최고의 방법이지. 주변에 있는 정보를 처리하고 활용하면서 자신만의 결론을 내리는 사람이 되려면 말이야.

그러니 기억하도록 해. 실제로 어떤 일이 벌어지는 건지 의문을 품고, 특히 사실이라 하기엔 지나치게 좋은 소식일 때는 새로운 정보를 믿어도 되는지 질문을 던지고, 확신이 서지 않을 때는 한 번 더 확인해야 해. 이게 바로 과학자들이 하는 일이야!

자신감이라는 함정

지금쯤이면 질문이란 게 정말로 중요하고, 또 살면서 접하는 크고 작은 문제들을 헤쳐 나갈 수 있는 중요한 방법이라는 걸 너도 동감하겠지.

게다가 질문은 바로 자신감이라는 우리 삶의 또 다른 핵심적인 능력을 키우도록 도와줄 수 있어. 자신감이란 스스로를 믿고, 무언가를 잘한다고 믿고, 성공할 수 있다고 믿는 능력이야.

자신감은 까다로운 녀석이지. 너무 적어도 문제가 되지만, 너무 많아도 문제가 되거든. 딱 알맞은 자신감을 갖추고 있어야 과도하게 자신만만해하지 않으면서도 스스로를 믿을 수 있어. (자신감이 지나치면 실수를 하거나 무언가를 빼먹거나 하는 일을 제대로 확인하지 않거나 같은 팀에 있는 사람들이 어떤 생각을 하는지 신경 쓰지 않기도 하거든.)

자신감은 특히나 성장 과정에서 다루기 힘들어. 누군가 못된 말을 하거나, 기대했던 것보다 시험 결과가 별로일 때면 자신감을 잃기가 쉽거든. 때로는 우리 개개인이 지닌 좋고 뛰어난 면보다 부정적인 경험이 더 크고 중요한 것처럼 느껴지기도 해.

결코 나를 위해 만들어지지 않은 세상을 살아가는 한 사람으로서 나는 이런 느낌을 많이 맛봤어. 내가 잘못되었다고 말하는 사람들이 죄다 옳은 것은 아닐까 오랫동안 의문을 품었지. 잘못된 건 바로 그 사람들이라는 걸 증명하기 위해 나는 내가 어떤 사람이고 어떻게 살아가는지 자신감을 갖는 법을 익혀야 했어.

그러면서 배운 것은 온갖 사소한 방식으로도 자신감을 얻을 수 있다는 거였어. 바로 무엇을 잘하는지를 되새기고, 매일 그 사실을 증명해 주는 사소한 방법들을 찾아보는 거야. 의견을 뒷받침해 줄 만한, 아니면 생각을 바꾸도록 도와줄 만한 다른 누군가의 의견을 구하는 방법이 될 수도 있지. 철자 시험같이 중요한 것처럼 느껴지는 일들도 며칠만 지나면 잊힐 거라는 사실을 기억하는 것도 도움이 돼.

또, 자신감이 흔들릴 때는 간단한 연습도 도움이 된다는 걸 배웠어. 불안하거나 우왕좌왕할 때 네 감각을 확인하기에 좋은 방법이야.

네 감각을 확인해 봐.

평온함을 찾는 연습이야.

방 안에서 눈에 보이는 것 다섯 가지,

만질 수 있는 것 네 가지,

들을 수 있는 것 세 가지,

냄새를 맡을 수 있는 것 두 가지,

이야기를 풀 수 있는 것

한 가지를 찾아봐.

살면서 우리 대부분은 지나치게 자신감이 넘치는 상태와 너무 모자란 상태 사이를 외줄타기 하듯 오가며 지내지. 어떤 상황에서는 우리 스스로를 전혀 못 믿겠지만, 또 어떤 상황에서는 자신감이 지나치게 넘치는 바람에 노력을 충분히 하질 않아 휘청거릴지도 몰라.

이렇게 우리가 균형을 잡으려고 할 때면 컴퓨터가 놀랍고도 아주 유용한 지침을 알려 줄 거야! 어떤 면에서 컴퓨터는 아주 자신감이 넘치거든. 스스로를 의심하는 감정도 전혀 없고, 인간처럼 불안도 느끼지 못해. 그렇지만 어떤 면에서 정반대이기도 하지. 컴퓨터는 어떤 답이 진짜라고 넘겨짚지 않거든. 그 대신, 프로그래밍된 대로 데이터를 빠르게 처리하고, 그 데이터를 활용해서 자기가 내놓는 결과를 더 정확하게 만들어.

이런 점은 우리 모두가 생각해 볼 만한 좋은 모범이야. 스스로를 믿되, 너무 지레짐작을 하지도 말고 새로운 정보에도 귀를 기울이는 거지. 새롭거나 더 좋은 정보를 받아들일 때면 언제든 생각하는 방식을 바꿀 마음을 품는 거고, 같이 네트볼(농구와 흡사한 영국 스포츠)을 하는

친구가 갑자기 키가 쑥 커지면 그 친구한테 공을 더 자주 패스해 주겠다고 생각해 보는 거야.

자신감을 품는다는 건 보통 모르거나 이해 못하는 것들, 또는 더 자세히 알고 싶은 것에 관해 질문을 던진다는 뜻이기도 해. 너의 직감에 자신감을 품되, 확인하는 것을 게을리 하지 말아야 하지. 컴퓨터가 그렇게 코딩되어 있듯이 말이지. 야생에서 살아가는 동물들도 이처럼 행동하거든. 오감을 모두 사용해서 주변을 훑어보며 위험할 수도 있는 모습, 소리, 냄새를 확인하고 찾아내잖아.

무엇보다도 똑똑하다는 게 반드시 모든 답을 알고 있다는 뜻은 아니라는 걸 잘 기억해 둬.

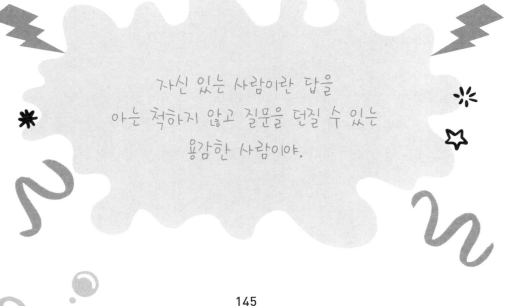

자신 있는 사람이란 답을
아는 척하지 않고 질문을 던질 수 있는
용감한 사람이야.

지금쯤이면 이런 궁금증이 피어오를지 몰라. 그렇다면 우리가 더 컴퓨터처럼 굴어야 하는 걸까? 좋은 질문이야. 그리고 내 답은 '그렇다'이기도, '아니다'이기도 해.

왜냐하면 여러 중요한 점들을 따져 봤을 때 우리는 컴퓨터와 완전히 다르거든. 인간인 우리를 규정하는 건 바로 우리의 감정, 관계, 창의력, 규칙을 깰 줄 아는 능력과 규칙을 따를 줄 아는 능력이야.

인간의 관점과 다르게 컴퓨터가 세상을 바라보는 시각은 아주 좁아. 컴퓨터는 무언가 볼 수도, 냄새를 맡을 수도, 직접 경험해 볼 수도 없으니까. 질문거리를 여러 각도에서, 또 특이한 방식으로 바라보는 우리의 능력이 컴퓨터에게는 없지. 컴퓨터 속에 들어 있는 정보는 모두 인간이 집어넣은 거야. 컴퓨터는 데이터를 빠르게 처리하는 데는 아주 탁월하지만, 또 다른 면에서 본다면 컴퓨터가 하는 일은 아주 한정적인 셈이지.

그렇지만 우리가 따라해 볼 만한 제대로 된 강점이 하나 있어. 컴퓨터는 계속 노력하고, 계속 질문을 던져. 장담하건대, 새로운 질문을 던지는 걸 쑥스러워하는 컴퓨터 프로그램은 이제껏 없었어. 그러니 너도 질문을 던질 때 쑥스러워하지 마!

일상에서 정신없이 접하는 수많은 데이터를 떠올려 볼래? 이때 우리

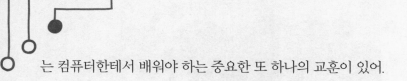

는 컴퓨터한테서 배워야 하는 중요한 또 하나의 교훈이 있어.

그게 어떤 교훈이냐고? 처리해야 할 정보, 발견해야 할 정보는 언제나 더 있다는 거야. 그러니 새로운 질문을 하나 던진다고 해서 네가 잃을 건 없다는 사실을 기억해!

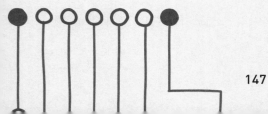

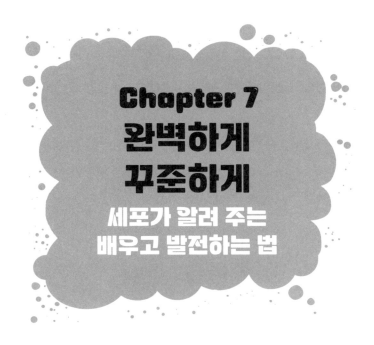

Chapter 7
완벽하게
꾸준하게
세포가 알려 주는
배우고 발전하는 법

지금까지 질문을 던지는 일을 내내 살펴보았으니, 질문을 하나 던지면서 이번 장을 시작해 볼게. 혹시 내킨다면 믿음직한 어른에게 이 질문을 해 봐도 돼.

완전히 다 자란 인간의 몸에는 세포가 얼마나 많이 있을까?

세포는 우리 몸을 이루는 기본 요소라는 사실을 떠올려 봐. 세포라는 아주 작은 조각들이 모여서 피부, 머리카락, 손톱같이 몸 바깥에 있는 것부터 피, 장기, 근육, 신경 같은 몸 안에 들어 있는 것까지 온갖 중요한 것들을 구성하지.

그렇다면 이런 몸이 제대로 움직이려면 세포가 얼마나 많이 필요할

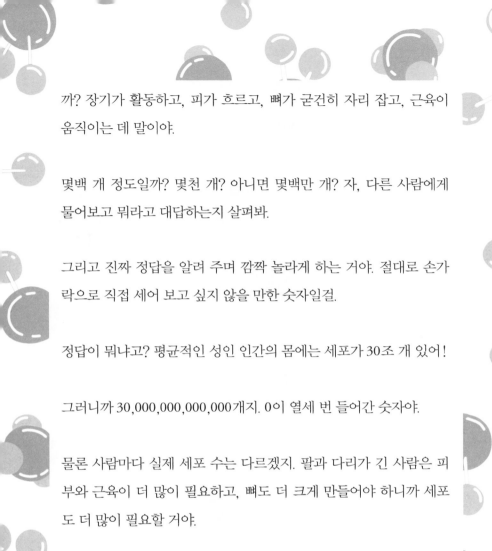

까? 장기가 활동하고, 피가 흐르고, 뼈가 굳건히 자리 잡고, 근육이
움직이는 데 말이야.

몇백 개 정도일까? 몇천 개? 아니면 몇백만 개? 자, 다른 사람에게
물어보고 뭐라고 대답하는지 살펴봐.

그리고 진짜 정답을 알려 주며 깜짝 놀라게 하는 거야. 절대로 손가
락으로 직접 세어 보고 싶지 않을 만한 숫자일걸.

정답이 뭐냐고? 평균적인 성인 인간의 몸에는 세포가 30조 개 있어!

그러니까 30,000,000,000,000개지. 0이 열세 번 들어간 숫자야.

물론 사람마다 실제 세포 수는 다르겠지. 팔과 다리가 긴 사람은 피
부와 근육이 더 많이 필요하고, 뼈도 더 크게 만들어야 하니까 세포
도 더 많이 필요할 거야.

그렇지만 엄청나게 큰 숫자라는 건 너도 나도 같은 생각일 거야. 그
리고 밤에 잠이 안 올 때 양 숫자를 세며 저기까지 이른 사람은 없을
거라는 생각도 드네.

이제 또 한번 놀라운 이야기를 해 줄게. 성인 인간의 몸은 세포 30조

개부터 시작해서 만들어진 게 아니야. 3000만 개도 아니었어. 3만 개도 아니었지. 심지어는 300개도 아니었어.

30조 개나 되는 세포 하나하나, 인간의 몸을 이루는 그 모든 작은 재료들은 단 하나의 세포에서 만들어진 거야. 그 세포 하나는 줄기세포라고 부르는 특별한 세포야. 줄기세포는 여러 가지 다른 세포로 발전할 수 있는데, 이건 인간을 비롯해 다른 종이나 식물에서도 일어나는 과정이지. 바로 그 첫 번째 세포가 분열해서 두 개가 되면, 두 개는 네 개로 나눠지고, 네 개는 여덟 개가 돼. 이렇게 계속 반복되고 나면 결국은 이렇게 분열된 세포들이 전부 30조 개가 되는 거야. 발톱과 귓불까지 다 갖추고 완전히 자란 성인 인간을 만들어 내는 거지.

이건 정말 대단한 일이야. 피부와 혈액부터 뼈와 근육, 신경, 뇌 구석구석, 발바닥까지 우리를 이루는 그 모든 것이 사실은 완전히 똑같은 출발점에서 생겨났다는 이야기잖아. 엄청 멋지지!

어쩌면 더 멋진 사실은 바로 성장하면서 계속 줄기세포의 도움을 받는다는 거야. 심지어는 몸의 성장이 멈춘 뒤에도 말이지. 머리카락과 손톱은 계속 자라나고, 넘어져서 살갗이 긁혔을 때는 상처를 덮어 줄 새로운 피부가 자라나고, 혈액도 끊임없이 보충되고, 감염처럼 우리 몸을 위협하는 것들에 대처하는 면역 체계도 업데이트가 되지.

실제로 우리 몸에 있는 다양한 세포들은 서로 다른 주기에 따라 교체돼. 면역을 강하게 만들어 주는 백혈구, 위장, 피부처럼 어떤 세포들은 며칠에 한 번씩 교체되고, 뼈와 췌장 같은 세포들은 몇 달에 한 번씩 교체돼. 심장이나 눈에 있는 또 어떤 세포들은 몇 년씩이나 걸려서 교체되지. 뇌 세포처럼 평생 동안 너와 함께 머무르는 세포도 있어. 이걸 읽는 바로 지금 이 순간에도 몸속에서는 줄기세포가 이런 일들을 전부 도맡아 하고 있어. 줄기세포에게 엄지를 척 세워 줘!

전부 재미있고 멋진 이야기야. 그런데 왜 이런 이야기를 하느냐고? 줄기세포라는 조그만 천재들이 대체 무엇을 가르쳐 주는 걸까?

간단하지만 아주 중요한 교훈이 있지. 바로 세상 모든 것들은 어딘가에서 출발한다는 거야.

그건 취미나 우정, 네가 갈고 닦으려는 기술 혹은 이루고 싶은 성취일 수도 있어. 악기를 연주하는 법을 배우거나 좋아하는 게임을 더 잘하게 되거나 새로운 친구를 사귀거나 더 빠르게 달리거나 수영을 하게 되는 일일 수도 있지.

어떤 것이든 간에 줄기세포와 마찬가지로, 우리는 어딘가에서는 시작해야 해. 우리가 삶에서 제일 귀중하게 여기는 것들은 느리게 이뤄지지. 지름길이나 쉽게 얻을 수 있는 방법 같은 건 없어.

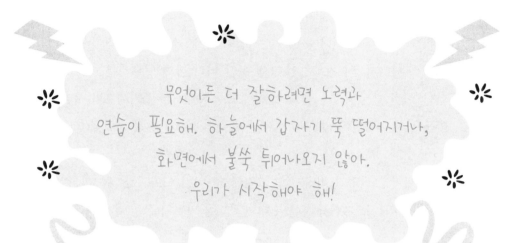

무엇이든 더 잘하려면 노력과
연습이 필요해. 하늘에서 갑자기 뚝 떨어지거나,
화면에서 불쑥 튀어나오지 않아.
우리가 시작해야 해!

인생의 좋은 것들은 그걸 얻으려고 노력하고, 그 과정에서 실수도 저지르고, 또 그러다가 스스로를 추스르고 인간의 삶이라는 이 미친 실험을 다시금 시작하기 때문에 좋은 거야. 이런 과정이 항상 행복하거나 만족스럽지는 않겠지. 어떨 때는 힘들고 짜증나고 화가 치밀 수도 있어. 그렇지만 이런 건 영원히 남는 감정이라기보다는 곧 지나갈 순간이야. 우리는 그런 걸 자연스럽게 받아들이고, 계속 나아가면서 쉽게 포기해서는 안 된다는 사실을 기억해야 해.

바로 이때 우리 몸에게서 힌트를 얻을 수 있는 거야. 줄기세포는, 작지만 확고한 무언가가 노력하고, 진화하고, 반복할 만한 충분한 시간이 있을 때 얼마나 많은 것을 이뤄내는지 증명하기 때문이야.

이렇게 줄기세포의 경이로운 창조력은 가능성을 보여 줘. 이제 중요한 건, 이 모범 사례를 어떻게 따라할 수 있을까겠지?

작은 것부터 시작하기

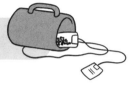

가장 어려운 건 바로 시작하는 일이야. 우리 모두 다 알고 있어. 가령, 집을 청소하려고 한다고 해 보자. 그러면 보이지 않던 문제점들이 눈에 띄기 시작해. 화장실 휴지는 거의 다 떨어져 가고 홍차에 넣어 먹을 우유도 없고 바닥에 쌓아둔 옷더미는 볼 때마다 점점 덩치가 커져만 가지.

바보처럼 들리겠지만, 나는 이런 것들 때문에 시작도 전에 기가 죽어서 옴짝달싹 못하기도 해. 우유부터 해결해야 할지 아니면 더러운 옷부터 손을 대야 할지 모르겠어. 선택할 것들이 너무 많아서 결국은 꼼짝 못하고 얼어붙은 채로 아무것도 안 할 때가 많아. 어떨 때는 심지어 냉장고를 열어보는 것도 너무 겁이 난다니까.(냉장고 속이 어떤 모습일지 상상

해 봐!) 한두 번은 눈에 띄지 않게 하려고 냉동실에
다 더러운 양말을 집어넣은 적도 있었어.

어떤 일을 어디서부터, 어떻게 시작해야 할지 모를 때는 겁먹기 쉬
워. 어쩌면 결과나 네가 이루려는 목표가 너무 멀리 떨어져 있는 것
만 같아서 걱정이 될지도 몰라.

만약에 치우는 데 몇 시간씩 걸릴 정도로 방이 너무 어질러져 있다
면, 티셔츠 한 장을 개기도 전에 청소하는 걸 생각만 해도 지칠 거야.
또는 악기를 더 잘 연주할 수 있게 연습하는 데 몇 주, 몇 달, 몇 년
이 걸릴 거라는 사실을 알고 있다면 좀처럼 마음이 가지 않겠지. 아
예 시작을 하지 않는 편이 쉬워 보이니까!

바로 이런 것 때문에 시작하는 게 어려워. 우리가 전혀 잃을 게 없다
고 느껴질 때는 여정을 나서는 첫 발자국을 떼어 보는 것보다 포기
하는 게 더 쉬우니까.

그렇지만 만약 너의 눈, 귀, 뼈, 근육이 되어 준 맨 처음의 줄기세포
가 똑같이 생각했다고 상상해 보면 어떨까? 일을 하는 것보다는 배
아(신체 조직의 분화가 시작되기 전 상태의 세포) 안에서 낮
잠을 자는 편이 낫겠다고 마음을 먹었더라면 어
땠을까?

이런 상황에 처할 때면 나는 이렇게 줄기세포를 떠올리고는 해. 줄기세포는 시작을 하겠다는 용기와 책임을 다하는 자세만 있다면 얼마나 멀리까지 갈 수 있는지 톡톡히 일깨워 주거든.

줄기세포가 한 개로 시작해서 30조 개로 끝을 맺은 일을 떠올려 봐. 무언가 대단한 것을 해낼 기회를 스스로에게 선사한다면 얼마나 많은 것들을 이룰 수 있을까? 자, 그저 첫 번째 발자국만 내딛으면 돼. 그다음 발자국을 내딛는 건 그보다 쉬우리라고 장담할게.

시작하는 게 중요해!

우리가 얼마나 발전할 수 있는지 보여 주는 것처럼 줄기세포는 작은 천재들이지만 그보다 훨씬 더 많은 일들을 할 수 있어.

이 세포가 알려 준 첫 번째 교훈이 '모든 끝에는 시작이 있었다'는 점이라면, 두 번째 교훈은 바로 '상황이 복잡해지면서 놀라우리만치 일이 꼬인다'는 거야.

모든 세포는 똑같은 곳에서 시작하지만, 일단 분열에 들어가고 나면

세포의 특화

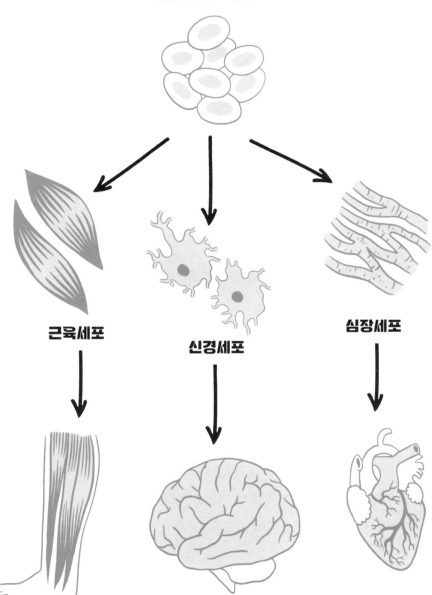

근육세포

신경세포

심장세포

더 이상 똑같이 행동하지 않아. 줄기세포는 장기를 이루는 새로운 조직을 만들어 내거나, 머리카락과 손톱을 자라게 하는 일처럼 여러 다양한 일을 책임지고 있거든.

이런 걸 특화라고 해. 세포는 분열하고 발달하면서 제각기 특징을 지니고 구체적인 역할을 맡게 돼. 마치 사람들이 서로 다른 주제에 따라 갈리거나 각기 다른 친구 무리에 끼는 것과 비슷해. 이 단계에 이르면 세포들은 더는 바깥세상을 전혀 신경 쓰지 않은 채 마냥 행복하게 분열하지 않아. 대신 자신이 진화한 특정한 방식에 따라 구체적인 일을 하지.

이런 점은 마치 살아가는 기술이 좋아질수록 우리가 변화하고 발전하는 모습과 닮았어. 피아노 치는 일을 떠올려 봐. 피아노를 몇 년 동안 쳐오다가 이제 더 복잡한 곡을 치려고 하는 사람은, 단순히 예전보다 더 실력이 좋아진 피아노 연주자가 아니야. 건반 앞에 맨 처음 앉았을 때와는 전혀 다른 사람이기도 해. 이 사람이 소리를 듣고, 생각하고, 손을 쓰고, 악보를 읽는 방법이 바뀌었으니까.

이 모든 기술은 피아노를 연주하기 위해 특화된 거야. 마치 줄기세포가 몸에 있는 적혈구나 백혈구를

만들 수 있도록 특정한 방식으로 진화하는 것과 같지.

우리 몸과 뇌는 이런 특화 과정을 끊임없이 거치고 있어. 특정한 난관에 대응하려고 특정한 방식으로 발전하는 거지. 예를 들어, 매주 연습을 하는 축구나 하키 골키퍼라면 움직이는 물체에 반응하는 손과 눈의 협동 능력이 더 뛰어나게 발전할 거야.

때로는 이런 변화가 단순한 적응 정도고, 무언가를 더 잘하게 되는 일처럼 느껴지지 않을 수도 있어. 이미 이야기했지만, 어렸을 때 난 통제할 수 없는 생각과 기분을 머릿속에서 몰아내려고 꺅꺅대는 소리를 내거나 머리를 급작스레 움직이는 행동들을 했어. 스물여덟 살이 된 지금도 여전히 똑같은 감정의 파도에 휘말리기도 하지만 예전과는 다르게 대처하지.

내가 느끼는 충동을 다른 사람들이 덜 놀라거나 혹은 어쩌면 전혀 눈치 채지 못할 만한 행동으로 틀어버리는 방법을 익혔거든. 갑자기 '으악' 하고 소리를 지르는 대신, 잔기침을 몇 번 하고 티셔츠 옷깃이나 머리카락을 어루만져. 그러면 여덟 살 때처럼 생각과 기분을 바깥으로 터트리지 않고도 똑같이 안도감을 느낄 수 있었어.

(이 사례를 이야기하는 이유는 시간이 흐르며 우리 인간이 적응한다는 걸 보여주기 위해서지, 꺅꺅대는 소리를 내거나 머리를 급작스레 움직이던 행동이 잘못

되었다고 말하거나 지금 내가 하는 행동이 더 '낫다'고 이야기하기 위해서가 아니야. 이건 그저 주변 사람들을 편안하게 만드는 동시에 스스로의 마음도 차분하게 만들어 주는 나만의 방식인 거야. 이 방식은 모두 다를 수 있어. 어떤 게 정상적인지 아닌지는 아무도 규정할 권리가 없어. 너는 네 방식대로 해!)

내가 바뀌어야 할 때도 있었지만, 세상 역시 변하기도 해. 아마 어떤 이유인지 짐작할 수 있을 것 같은데, 나는 사람들이 껴안거나 악수를 하거나 뺨에 뽀뽀를 하며 인사를 나누는 게 늘 마음에 들지 않았어. 개인적인 공간을 침범당하는 게 정말 싫었거든. 또 뽀뽀를 하거나 끌어안는 사람들이 어떤 세균을 옮길지 모르는 일이잖아.

그래서 살아오는 내내 많은 사람들이 내가 사교적이지 못하고 무례하다고 생각했어. 그러다가 코로나19 팬데믹이 벌어지면서 이제 막 처음 만난 사람과 악수를 하거나 뽀뽀를 나누는 게 별로 달갑지 않은 사람들이 나 말고도 더 있다는 걸 알고는 안심하게 됐지.

담배도 마찬가지였어. 내가 너처럼 어렸을 때는 식당에서 담배를 피우는 게 허용됐어. 나는 그게 딱 봐도 좋지 않은 행동 같았어. 이상하게 느껴졌지. 끔찍한 연기가 눈을 찔렀고, 냄새가 콧구멍을 가득 메웠거든. 그래서 건강 때문에 실내에서 담배를 피우는 게 금지됐을 때는 정말 환상적이었어. 내가 이상해서가 아니었던 거야. 내 걱정은 확실히 증명된 이유들이 뒷받침해 주었고, 시간이 흐르며 점점 더 많은 사람들이 뜻을 같이 하기 시작했지.

우습고도 낡아빠진 세상이지만 때로는 충분히 긴 시간만 흐르면 세상이 너를 향해 움직이기도 해. 처음에는 조롱하겠지만 그 다음에는 네 생각에 동의할 테고, 나중에는 심지어 너를 따라할지도 몰라.

연습하면 완벽해진다

우리가 살아가면서 적응하고 변화하고 발전하는 동안 대개 변치 않는 한 가지 사실이 있어. 잘해야만 하는 일을 오랜 시간 연습하면 더 잘하게 된다는 거야.

어떤 것을 충분히 연습하면 너무나 익숙해져서 그 일을 직감적으로 하게 돼. 생각해야 할 필요 없이 해내는 거야. 피아니스트의 빠른 손가락이나 골키퍼의 잽싼 반응 모두 신중하고도 꾸준한 연습이 낳은 결과야. 텔레비전이나 소셜 미디어 속 '완벽'해 보이는 댄서나 가수들이 그 완벽한 경지에 이르기까지 겪었던 온갖 힘든 노력과 과정이 그 뒤에 숨어 있다는 걸 기억해야 해.

이런 사람들은 어떤 단계가 필요한지 굳이 생각하지 않고도 무언가를 할 수 있을 때까지 그 일을 반복하지. 건반 위 어디에 손을 두어야 하는지, 또 골대를 향해 날아오는 공이 어디로 갈 것인지를 그냥 자연스럽게 알 수 있어. 하나의 본능이 된 거야.

항상 배아 상태의 줄기세포로만 머물 수는 없어. 무작정 공만 차거나 처음 책을 읽는 상태가 아닌 기술, 지식, 전문성을 발전시켜야 하지. 세포로 치면 분열하고 특화해야 해. 어떤 것들은 성장하는 과정에서 자연스럽게 일어나기도 해. 우리는 그저 영유아 시절 주변에 있는 것들을 받아들이며 다른 사람들을 흉내 내고, 자라나는 몸을 써가면서 웃고, 걷고, 말하는 법을 배워. 복잡한 발달 단계를 모두 거친 다음에야 무슨 행동을 왜 하는지 의식할 수 있는 생각을 키울 능력을 얻지.

그렇지만 자라면서 지금의 네 나이에 이르면 상황이 바뀌어. 우리는 스스로 생각할 수 있게 돼. 선택할 수 있다는 뜻이야. 어떤 일을 할지 하지 않을지 결정할 수 있어. 그러면 발전은 생물학적인 문제라기보다는 개인의 선택의 문제가 돼.

운동을 하지 않는다면 몸 건강이 좋아지지는 않을 거고, 숙제를 하지 않는다면 시험 점수가 올라가지 않겠지. 연습을 하지 않는다면 악기를 연주하는 실력이 더 나아지지 않을 거야.

또 한 가지 생각해 보자. 어떤 것이든 우리가 더 잘하게 될수록 실력을 높이기 위해 더 열심히 노력해야 해. 거의 누구나 할 수 있는 정도를 이룬 상태니까. 이를테면 악보를 읽는 법을 배우거나 운동장 열 바퀴를 돌 수 있을 만큼 체력이 좋아지는 일 같은 거 말이지. 그러면 이제 중요한 건 바로 이거야. 우리는 과연 무언가를 정말로 잘할 수 있도록 노력하고 싶은 걸까? 이건 어려운 일이야. 노력도 더 많이 필요하고, 예전보다는 비교적 조금씩 나아갈 테고, 그러면 우리가 발전하는 게 별로 대단해 보이지 않을 수도 있으니까.

이런 이야기를 들으면 풀이 죽을 수도 있겠지만, 살아가면서 이루는 최고의 성취들은 주로 아주 열심히 노력해서 얻는다는 사실을 받아들여야만 해. 쉽게 얻는 게 아니라는 거지. 만약 네가 철자를 맞게 쓰는 걸 어려워했다가 시험에서 1등을 한다면, 원래부터 철자를 잘 썼던 것보다 더 기분이 좋을 거야. 대단한 승리인 거지! 요즘 나는 강아지를 훈련시키기가 정말 힘들었어. 그렇지만 어쩌다 한 번 강아지가 제대로 말을 알아들을 때면 강아지 대신 내가 공중에 주먹을 날리면서 축하하고 싶다니까!

그러다 보면 정말로 중요하다고 생각되는 점에 이르게 돼. 살면서 발전하는 것은 완벽한 것과는 달라. 항상 맞는 일만 하거나 날아오는 공을 전부 다 막거나 피아노를 칠 때 음표 하나조차도 빼먹지 않는 사람은 아무도 없어.

열심히 연습하고 노력하다 보면 실수도 저지르게 될 거야. 이것도 삶의 일부지. 그리고 무언가 잘못되었을 때 스스로를 너무 모질게 대하기보다는 그 사실을 받아들이는 편이 훨씬 건강한 방법이야.

과학의 무언가가 어떻게 작동하는지 그 원리를 조사하고 그걸 더 좋게 만드는 과정에서는 이런 마음가짐이 정말 중요해. 시행착오를 통해 우리는 어떤 게 제대로 작동할 수 있는지, 어떤 게 잘못될 수 있는

지, 또 어떻게 다르게 시도 해 볼 수 있는지 배워. 과학자들에게 실패한 실험이란 '성공'한 실험만큼이나 쓸모가 많아.

실패하는 게 즐겁다는 뜻은 아니야. 처음 시도했을 때 무언가를 '완벽하게' 할 수 없을 때면 좌절하고 꿀꿀해지거나 화가 나기도 해. 일을 그르치면 짜증도 나지. 그렇지만 바로 그렇기 때문에 결코 모든 일이 제대로 흘러갈 수 없다는 사실을 기억해 둬야 해.

설령 우리가 성공하지는 못했더라도, 아마 실패를 통해서 무언가를 배웠을 거야. 실패 덕분에 세상을 조금은 다르게 바라볼 수 있었을지도 모르고. 또는 그 실패가 결국은 성공으로 향하는 길 위로 내딛은 발걸음이었을 수도 있지.

여기 사례 하나가 있어. 모두 집에 청소기는 가지고 있지? 어쩌면 근사한 모델로 손꼽히는 다이슨 청소기일 지도 모르겠다. 이 청소기를 만든 제임스 다이슨이라는 사람은 영국에서 제일 유명한 발명가로 꼽히는 사람인데, 이 사람은 제대로 된 첫 번째 모델을 만들어 내기까지 무려 5000번 넘게 시도했대. 그 모든 '실패' 덕분에 무언가를 완벽하게 발명할 수 있었고, 엄청난 성공을 거두었지.

결국, 발전은 연습의 결과야. 발전하려면 예전에는 할 수 없었던 무언가를 해낼 때까지 시도하고 노력하고 작은 진전을 수없이 만들어가야 해. 발전은 조그만 한 발을 내딛으면서 스스로를 더 나은 사람으로, 더 똑똑하고 강한 사람으로 만드는 일이야. 성장해 가면서 우리만의 고유한 길을 찾아내고, 그러다가 차질이 생기더라도 우리 발걸음으로 받아들이는 거지.

그리고 그거 아니? 이건 바로 평생 동안 '사실'이야. 이 책을 읽는 네게도, 이 책을 쓰는 내게도 틀림없는 사실이지. 그리고 우리 부모님이나 선생님에게도 마찬가지야. 모두 내면과 외면을 끊임없이 바꾸며 발전하는 중이야. 우리는 더 나아가야 하고, 또 노력을 기울인다면 진전을 이룰 수 있지. 이게 바로 줄기세포가 주는 마지막이자 어쩌면 가장 중요한 교훈일 거야. 줄기세포는 분열을 절대 멈추지 않아. 그리고 우리도 멈춰서는 안 돼.

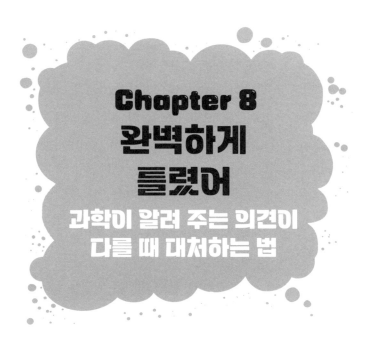

Chapter 8
완벽하게 틀렸어
과학이 알려 주는 의견이 다를 때 대처하는 법

너는 어떨지 모르겠지만 나는 학교 가는 날 아침이 정말 힘들었어.
잠자리에서 일어나야지 아침도 먹고 이도 닦아야지 또 가방에 준비
물을 잘 챙겼는지도 확인해야지 시간은 부족한데 할 일은 너무 많았
거든.

양말은 어디 있는지 찾을 수가 없고, 셔츠에는 얼룩이 묻어 있고, 신
발은 다 구겨져 있어. 심지어 이 모든 일은 깨끗하게 빨아 둔 체육복
이 있는지 생각하기도 전에 벌어지는 일들이야.

아직 집에서 출발하지도 않았는데 그 일들을 전부 처리
해야 한다니!

나는 이게 꼭 비디오 게임 같다고 생각했었어. X키를 눌러서 나를 이 과제에서 저 과제로 보내면서, 혹시나 이 모든 걸 계획했던 순서대로 끝마치지 못하고 오류를 일으키는 바람에 벅스 버니가 그려진 슬리퍼를 신고 학교까지 가 버리면 어쩌나 걱정했지.

이 모든 게 비디오 게임이라고 상상하는 게 도움이 될 때도 있었지만 학교에 가는 날 아침이면 늘 마주치고 깨부숴야 하는 최종 보스도 있었어. 바로 옷을 입는 일이었지.

나는 학교 교복으로 입어야 했던 스타킹이 정말 싫었어. 스타킹은 온갖 엉뚱한 곳에서 내 몸을 꼬집고 조여 왔거든. 신발도 마음에 들지 않았어. 너는 이상하다고 생각하겠지만, 나는 단추가 무서웠어. 셔츠에 달린 단추를 건드리기만 해도 병이 날 것 같았지.

이건 크나큰 문제였어. 딱한 우리 엄마에게는 특히나 더 그랬지. 내게 옷을 입혀서 집 밖으로 내보내는 고된 일을 매일매일 해야만 했거든. 교복을 싫어하기는 했어도 입지 않겠다고 할 수는 없었어. 교복의 핵심은 모두가 그 옷을 입는다는 점이잖아. 교복은 모두를 똑같이 만들어버려. 누구는 낡고 너덜너덜한 운동화를 신는데, 그 옆에 있는 애는 최고급 신발을 신지는 않는다는 뜻이지.

우리 학교는 내가 편하게 학교에 다니고 또 소속감을 느낄 수 있도록 내게 개인 도우미를 붙여 준다거나 버거워할 때면 수업을 빼먹을 수 있게 하며 여러모로 도와주었지만, 규칙을 어기고 교복을 입지 않는 건 허락하지 않았어.

그래서 엄마의 도움을 받아 돌파구를 찾아냈지. 바로 구멍을 뚫은 스타킹을 신었어. 겉에서는 구멍이 보이지 않았지만, 덕분에 나는 훨씬 더 편안했어. 또 교복 셔츠에서 단추를 떼어 내고 똑딱단추를 달았지. 단추를 끼우는 손가락도 훨씬 편했고, 토가 나올 것 같은 기분도 들지 않았어.

이게 바로 타협이었어. 모두에게 가장 중요한 것은 맞추면서도 덜 중요한 것들은 내버려 두는 해결책이야. 나는 교복을 입었고, 규칙도 전혀 어기지 않았어. 그러면서도 그 규칙 가운데 나를 제일 불편하게 만드는 부분은 피해 갔지. 모두에게 좋은 방법이었어. 이런 걸 '윈-윈'이라고 불러.

타협은 삶에서 큰 비중을 차지하는 무언가를 맞닥뜨렸을 때 우리가 대응할 수 있는 여러 방법 가운데 하나야. 바로 우리가 동의할 수 없는 사람이나 규칙 혹은 생각을 만났을 때 쓸 수 있지.

우리가 동의할 수 없다는 건 등굣길 차 안에서 어떤 음악을 얼마나 크게 틀 것인지처럼 사소한 무언가일 수도 있어. 또는 다른 사람을 존중하면서 친절하게 대하는 방법을 두고 의견이 충돌하는 상황 같이 조금 더 진지한 문제일 수도 있고. 어떤 사람이 재미있다고 생각하는 상황이 또 다른 사람에게는 얼마든지 공격적으로 느껴질 수 있는데, 그러면 너는 어느 편을 들어야 할지, 어떻게 편을 들어야 할지 고민이 될지도 몰라.

의견이 충돌하는 건 우리 삶의 일부야. 의견이 충돌하면 아주 불편할 때가 많아서, 그러기는 어렵겠지만 다루는 법을 익히고 이를 편하게 받아들이는 법도 익혀야 해.

169

물론 하루 종일 말다툼을 벌이려는 사람은 없어. 그렇지만 사람들이 서로 다르다는 사실을 외면할 수도 없지. 우리에겐 저마다의 취향과 세계관, 또 중요한 원칙이 있으니까. 이런 것들을 주장하다 보면 아주 작게라도 다른 사람들과 의견이 충돌할 거야.

좋은 소식은 의견이 불일치한다고 해서 친구나 가족과 사이가 나빠지는 건 아니라는 거야. 화를 내거나 못되게 굴지 않고, 정중하고도 건설적인 방식으로 서로의 의견에 반대하는 일도 얼마든지 가능해. 신중하기만 하다면 불일치하는 의견이 실제로는 도움이 되기도 하지.

어떻게 그럴 수 있는지 알아볼까? 의견이 불일치하는 것까지도 계획의 일부로 삼는 곳을 살펴보자. 바로 과학의 세계야. 있을지 없을지 모르는 답과 해결책을 찾아 나서며 과학적인 발견을 해내는 과정에서는 의견이 불일치하는 일이야말로 모든 것을 움직이게 만드는 연료 역할을 한단다.

발전을 이루려면 과학자들은 서로 다른 의견을 내세우며 다양한 의견으로 토론을 벌이고 대안적인 시각을 내세우며 서로에게 맞서야 해. 과학자들에게는 서로의 반대편에 서서 의견을 제시하며 자신이 생각하지 못했던 걸 짚어 주거나 미처 염두에 두지 못했던 문제점을 알려 줄 상대가 필요해.

가장 중요한 과학적인 발견 몇몇은 한때 엄청난 논쟁거리이기도 했어(논쟁이란 공개적인 토론과 의견 대립을 뜻해). 오늘날 우리는 지구가 태양 둘레를 돈다는 사실을 알고, 또 받아들이고 있잖아. 지구가 태양 주위를 한 바퀴 도는 데 365일이 걸린다고 말이야. 그렇지만 1600년대 당시 이론으로 취급되던 이 사실을 주장했던 이탈리아의 천문학자 갈릴레오는 그 자신의 연구가 성서에 쓰인 내용에 반대된다는 이유로 너무나 많은 논쟁을 불러일으켜서 재판을 받았었지.

만약 이렇게 이제껏 자신이 배운 내용과는 다른 의견을 내고 더 나은 답을 찾아 나설 만큼 용기 있는 과학자들이 없었다면, 우리는 이렇게 멀리까지 발전하거나 많은 것들을 발견하지 못했을 거야.

이처럼 과학은 의견이 일치하지 않는 것이 반드시 끔찍한 것도 아니고 또 불쾌한 일도 아니라는 걸 우리에게 가르쳐 줘. 실제로 의견이 불일치하는 건 우리 자신의 뜻을 표현하면서도 새로운 것을 발견하는 중요한 방법이야. 게다가 우리의 시각은 물론이고 다른 이들의 눈을 통해 세상을 바라볼 수 있도록 도와주기도 하지.

그러니 과학을 본받으면서 의견이 불일치하는 일이 일상에서 왜 중요하고 얼마나 많이 벌어지는지, 그리고 어떻게 하면 의견이 불일치하는 상황을 더 잘 다룰 수 있는지 자세히 살펴보자.

만화경으로 보는 세상

과학적인 해답을 얻기 전에 문제가 무엇인지 정확히 이해해야겠지. 우리는 왜 의견이 서로 다른 걸까? 그 답은 내가 제일 좋아하는 장난 감, 바로 만화경에 들어 있어.

만화경을 들여다본 적이 있다면 그 조그만 원통 안에 희한하고 놀라운 공간이 펼쳐진다는 걸 잘 알고 있을 거야. 재밌는 건, 만화경을 돌리거나 비틀면 눈앞에 보이는 모습이 완전히 달라진다는 거지. 그건 원통 안에 들어 있는 거울의 각도를 바꾸어서 빛이 반사되는 방향을 달라지게 했기 때문이야. 완전히 새로운 그림이 펼쳐지지.

나는 서로 의견이 다른 상황도 만화경 같다고 생각해. 만화경을 이 사람에서 저 사람까지 다 같이 본다고 생각해 봐. 그러면 모두가 만화경을 돌려보고 저마다 다른 모습을 보게 되겠지. 그렇지만 만화경 안에 들어 있는 내용물은 달라지지 않았어. 우리가 그걸 바라보는 방식만 달라졌을 뿐이야. 마치 너는 재밌게 봤지만 네 여동생은 지루하다고 생각하는 영화라든가, 네 친구는 좋아하지만 너는 속으로 별로라고 생각하는 가수 같은 거야.

너도 친구도 모두 정확히 같은 대상에 관한 의견을 갖고 있어. 그

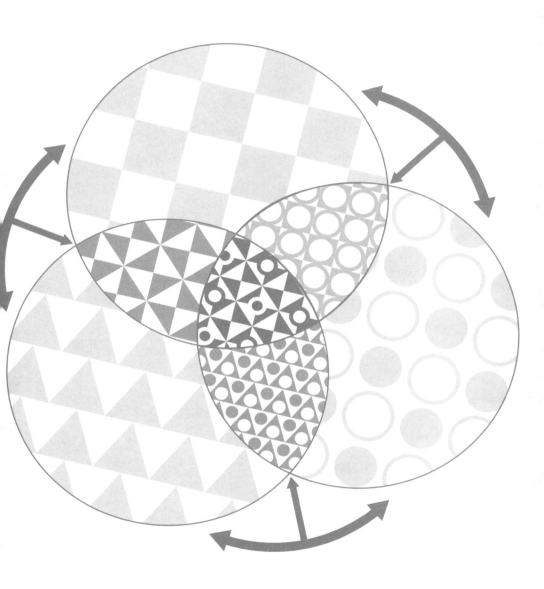

렇지만 서로 다른 눈으로 바라보고 있지. 저마다 관심사가 다르고, 또 각자 좋아하고 싫어하는 것이 있는 사람들이니까. 마치 이리저리 돌린 만화경처럼 너와 친구는 결국 제법 다른 세상을 보게되는 거야.

바로 여기서부터 의견이 일치하지 않아. 어쩌면 너는 트로트 음악을 좋아하는데, 네 형제자매는 그걸 왜 좋아하는지 이해조차 하지 못할 수 있지. 그러면 여느 형제자매들이 으레 그렇듯 그걸 놓고 너를 놀릴지도 몰라.

너희 중 어느 누구도 다른 사람의 시각을 잘 이해할 수는 없을 거야. 양쪽 다 자기가 맞다고 굳게 확신하고 있거든. 너는 네 만화경으로 들여다보고 있고, 상대방은 또 자신의 만화경으로 들여다보고 있으니까.

상대방이 보고 있는 걸 네가 볼 수 없다면 왜 그 사람이 그런 식으로 생각하는지 이해하기 어려워. 또 네가 보는 걸 상대가 볼 수 없을 때도 상대는 널 이해하기 어렵겠지.

이렇게 삶을 바라보는 시선이 서로 상반될 때는 어떻게 접근하면 좋을까? 우리는 과학적으로 접근해야 해. 과학자라면 이 사람이 옳고 저 사람이 틀렸다고 무턱대고 말하지 않아. 그보다는 서로가 왜 다르게 보고 느꼈는지, 또 이걸 통해 무엇을 배울 수 있는지 탐구하려 하지. 과학자는 사실이란 고정되어 있지 않고, 사람들은 저마다의 방식으로 경험하고, 또 다른 사람들이 잘못되었다고 곧바로 단정 짓기보다는 다양한 의견을 시도해 보고 이해하는 게 낫다는 걸 잘 알고 있어.

이게 서로 의견이 다른 상황을 더 잘 다루는 첫 번째 단계야. 누군가 가 너와는 전혀 다른 시각이나 의견을 지닐 수 있다는 사실을 이해 한 다음, 그렇더라도 얼마든지 괜찮다고 인정하는 거지. 네가 제일 좋아하는 음악을 누군가가 형편없다고 생각하거나 어떤 농구 팀을 왜 응원하는지 누군가가 이해하지 못 한다고 해도 상관없어. 이런 건 사실이 아니라 의견이고, 다른 사람들은 얼마든지 자신의 의견 을 품을 수 있는 거니까.

이보다 더 좋은 건 주머니 속에 만화경을 집어넣고 있는 이상 네 관 심사나 취미를 이해하지 못 하는 사람 역시 그 자신의 만화경에는 희한한 게 잔뜩 들어 있을 거라는 사실을 이제는 네가 알고 있다는 거야. 우리는 모두 각자의 만화경을 통해 세상을 바라보고, 모두 그 속에서 자기만의 고유한 그림을 보니까.

더 잘 논쟁하는 법

만화경은 우리 모두가 각자 다른 곳에서 시작하고, 또 세상을 서로 다르게 바라본다는 사실을 알려 주고, 왜 우리 의견이 서로 다른지도 알아가는 데 도움이 돼. 하지만 누군가를 설득하려고 하거나 여러 해결책이 있는 어려운 문제를 함께 풀어나갈 때처럼 의견이 서로 다른 상황에서 어떻게 더 잘 대처할 수 있는지는 알려 주지 않지.

이때 어떻게 대처하는 게 좋은지 알아보려면 다시 과학으로 돌아가야 해. 모든 과학 문제를 풀 때 거치는 첫 번째 단계로 가 보자. 바로 네가 이루고 싶은 목표가 무엇인지 정하는 거야.

쉬울 것 같지? 수많은 실험들이 바로 여기서부터 명확한 조건을 설정하지 못하고 시작하는 바람에 잘못된 길을 걷는다는 점만 빼면 그렇지. 네가 무얼 찾을 건지, 어디서 찾아볼 건지, 어떻게 찾아볼 건지 또 어떤 과학적 이론이나 수단을 사용할 건지 아주 정확하게 파악해야만 해.

의견이 불일치하는 상황에서는 바로 이런 마음가짐이 필요해. 가장 먼저 우리가 이루려는 목표가 무엇인지를 이해한 다음에, 비로소 입을 열고 서로 이야기를 나누는 거야.

이 과정이 특히 중요한 까닭은 의견이 서로 다른 상황은 한 가지가 아니기 때문이야. 이건 상황에 대처하는 방법이 여러 가지라는 말이기도 해.

몇 가지 예시를 살펴보고, 그런 상황에 대처하는 법을 알아보자.

의견의 차이, 타협이 필요한 순간

듣는 음악, 즐기는 취미, 읽는 책에 관해서는 의견과 취향이 다양하지. 이런 점에서는 어느 누구의 마음도 바꿀 수 없을 거야. 내가 아무리 애쓴다고 해도, 네가 이미 〈포카혼타스〉를 좋아하지 않는 이상 절대로 그 영화가 최고의 디즈니 영화라고 너를 설득할 수는 없을걸. 여섯 살의 나에게 너는 절대로 그 어떤 갈색 음식을 먹도록 설득할 수 없었을 테고. 심지어는 초콜릿도 먹일 수 없었을걸.(이건 내가 만났던 사람들 대부분이 나와 다른 의견을 지니고 있었다는 뜻이야.)

그래도 괜찮아. 모두가 같은 걸 좋아하거나 흥미로워하거나 재밌어하거나 맛있다고 동의한다면 정말 따분할 테니까. 이렇게 의견이 서로 다른 건 무언가에 관해 이미 아주 강한 의견을 지닌 사람의 마음을 바꿔 보겠다며 시간과 에너지를 낭비하지 말라는 중요한 교훈을 가르쳐 주지. 만약 바꾸려고 시도하고 싶니? 네가 제일 좋아하는 음악이 형편없다는 것에 동의하라고 누군가가 강요한다면 어떨지 떠올려 봐. 절대로 동의할 리 없겠지! 네가 좋아하는 것을 옹호하려고 훨씬 더 완강히 고집을 부리겠지.

누가 아무리 네 마음을 바꾸려고 하더라도 절대 바꾸지 않을, 네가 정말로 열렬히 마음속에 간직한 것들을 적어 봐.

그렇다면 그 대신 어떻게 할 수 있을까?

그저 나쁜 기분만 남기며 끝날 언쟁을 시작하기보다는, 무언가 도움이 될 만한 쪽으로 이끌어 줄 대화를 시도해 봐. 그리고 다른 사람은 어떤 시각을 지니고 있는지 이해하려고 해 봐. 어쩌면 처음에 생각했던 것보다 공통점이 많을 수도 있고, 타협을 하면서 말다툼을 피할 수 있을지도 몰라.

예를 들어, 한참 차를 타고 가는 동안 어떤 음악을 틀지 형제자매와 의견이 갈린다고 해 보자. 그러면 타협을 한번 시도해 봐. 둘 다 차를 타고 가는 동안 조금씩 나눠서 DJ 역할을 맡는 거야. 모두가 이기고 또 져 주는 셈이지. 그리고 누구의 음악 취향이 더 좋은지 놓고 다투는 것처럼 해결할 수 없는 문제에서 벗어나 네가 해결할 수 있는 문제로 가 보는 거야. 이를테면 누가 먼저 음악을 틀건지와 같은 문제는 가위바위보로 결정할 수도 있을 거야. (내가 제일 좋아하는 타협 방식이지)

이렇게 의견이 다른 상황 모두 다 타협의 문제야. 누군가가 너와는 아주 다른 의견을 지니고 있다는 사실을 존중하고, 그 모든 다양한 욕구와 시각을 품어줄 만한 해결책을 찾아내는 거야.

경험의 차이, 공감이 필요한 순간

때로 의견이 불일치하는 일은 개인의 취향이 아니라 경험 때문에 생겨나기도 해.

너는 신나게 수영장으로 다이빙할지도 몰라. 네 친구는 수영장 가장자리에 안절부절못하며 서 있는데 말이지. 네게는 재밌는 일이겠지만 친구는 물이 무서울 수도 있어. 이제껏 쭉 그래 왔을 거야.

또는 철자 시험을 보기 전에 이런 일이 생길 수도 있지. 국어 과목을 제일 잘하는 사람이라면 "이건 쉽잖아."라고 이야기하겠지만 난독증이 있는 같은 반 누군가에게는 쉬운 일이 아닐 거야. 그런 아이들에게는 단어와 글자를 순서대로 쓰는 게 아주 어려운 일이겠지. 설령 제아무리 다른 면에서는 번뜩이고 창조적인 비상한 두뇌를 가지고 있다 하더라도 말이야.

이와 비슷하게, 자폐 증세가 있는 사람이라면 복잡한 문제에 대한 답을 같은 반 아이들보다 더 빨리 알아낼 수도 있어. 그렇지만 머릿속에 너무나 많은 정보와 아이디어가 떠다녀서, 알맞게 소통하고 생각을 설명할 만한 말을 내뱉지 못할 수도 있지.

우리가 누구인지, 어디 출신인지, 우리 몸과 마음이 어떻게 작동하는지에 따라 우리가 세상을 경험하는 방식에 이런 차이가 생겨나게 돼.

이런 차이는 논쟁을 한다고 해서 없애버릴 수 없어. 물을 무서워하는 사람에게 수영은 즐거운 것이라며 설득하거나 단어 때문에 애를 먹는 사람에게 철자 시험이 쉬울 거라고 설득할 수는 없거든.

그 대신, 공감이 필요해. 우리 모두가 고유한 방식으로 세상을 경험한다는 사실을 이해해야 해. 우리는 강점과 약점이 각기 다르고, 저마다의 희망과 두려움이 있지.

단지 무언가가 우리에게 쉽거나,
재밌거나, 즐겁다는 이유로
다른 사람들도 전부 똑같이 생각할 거라고
넘겨짚어서는 절대로 안 돼.

사람들이 어려워하거나 무섭다고 여기는 걸 놓고 논쟁을 벌이려 하지 마. 그 일이 쉽거나 재밌다고, 그냥 극복하기만 하면 되는 문제라고 가볍게 이야기해서는 안 돼.

그런 말을 들으면 얼마나 좌절하고 상처가 되는지 나는 잘 알아. 다른 사람들은 신경조차 안 쓰는 소리나 냄새 때문에 불안해할 때면 사람들은 내가 '과민반응을 한다'거나 심지어는 '미쳤다'고 말했어. 그렇지만 그건 그저 내가 세상을 경험하는 방식이었지. 몇몇 사람들이 공감해 주지 않는 바람에 훨씬 더 어려워졌지만 말이야. 눈을 맞추는 게 실제로는 나를 고통스럽게 하는데도 '예의 바른' 일이라고 강요했던 선생님들도 마찬가지야.

다른 사람들이 너와 똑같은 방식으로 세상을 바라보고 느끼도록 강요하는 건 비현실적인 데다가 의견이 불일치하는 상황을 해결하기에는 좋지 않은 방법이야. 실제로 다른 사람들에게 해를 끼칠 수 있거든.

그렇게 강요하기보다는, 내 시각에서 세상을 바라보려고 시도해 봤더라면 좋지 않았을까 싶어. 내가 왜 그렇게 행동하는지 이해하고, 또 지지해 주려고 시도했더라면 좋았을텐데. "너 정말 잘하고 있어."라든가 "내가 도와줄게." 같은 말을 하는 건 어렵지 않잖아. "대체 왜 그래? 남들은 다 잘만 하는데." 같은 말보다 더 쓸모가 있기도 하지.

세상을 다르게 경험한다는 이유로 주위 사람들을 평가하거나 이들과 말다툼을 벌이는 대신, 이 사람들을 돕고 지지하는 건 친절한 행동이야. 이게 바로 친절이 일으키는 마법이지. 결코 어렵지 않고, 완전히 자유롭고, 네 주변의 모든 사람들에게 크나큰 변화를 가져다줄 수 있어.

원칙의 차이, 너 혹은 누군가의 뜻을 지지해야 하는 순간

지금까지는 친절하게 대하고 이해하려 노력하면 도움이 되는, 의견이 불일치하는 다양한 유형들을 살펴봤어. 그렇지만 누군가가 무례하고 부당한 행동을 하거나, 심지어는 차별하는 상황에서는 이런 행동들이 소용 없지.

나는 자라면서 이런 일들을 많이 겪었어. 내가 지닌 자폐와 다른 사람들 눈에 '이상해' 보이는 행동들 때문이었지. 다른 아이들은 나를 놀려댔어. 심지어 동물원에 들어가라는 말도 들었지. 길에서 만나는 낯선 사람들은 나를 대놓고 쳐다봤어. 그리고 내가 나만의 방식대로 배우려고 한다는 이유로 어떤 선생님들은 수업에 방해가 된다며 내게 벌을 주었지.

어쩌면 너도 비슷한 일을 겪어 본 적이 있을지도 몰라. 만약에 네가 여자 아이라면 스포츠를 못하게 하거나 수학이나 과학에 대한 열정을 좇지 못하도록 강요당해 좌절한 적이 있을지도 모르지. 어쩌면 네 피부색 때문에 사람들이 너를 쳐다보거나 다르게 대했을 수도 있어. 어쩌면 나처럼 너도 신경 발달 장애가 있고 뇌가 조금 다르게 작동해서, 이상한 눈길을 받거나 성가신 질문을 들었을지도 모르지.

그리고 설령 네가 이런 일을 전혀 겪지 않았다고 하더라도, 최소한 네 친구나 소중한 사람들이 이런 일을 겪은 적이 분명 있을 거야.

이런 일은 제일 다루기 어려워. 왜냐하면 다른 의견을 가지고 누군가와 논쟁을 벌일 상황이 아니거든. 이를테면 구구단을 익히는 가장 좋은 방법이 무엇인가라든지, 아리아나 그란데가 두아 리파보다 더 대단한지 같은 문제와는 달라. 이런 건 누군가가 너라는 사람 자체를 반대하는 상황이야. 너를 이해하지 못하고, 네가 세상을 경험하는 방식에 공감하지 못하고, 심지어는 너를 차별하는 거야.

이런 상황에 알맞게 대응하는 건 어려워. 어떨 때는 상대방에게 직접 맞서는 게 알맞은 행동일 수도 있어. 상대방의 말이나 행동이 왜 잘못되었는지, 또 그게 왜 네게 상처를 주었는지 이야기하는 거야. (그렇지만 이게 안전하고 또 분별력 있는 행동이라고 느껴질 때만 이렇게 직접 이야기해야 해.)

대개는 어떤 일이 벌어졌는지 선생님이나 부모님께 상담하고, 상황에 대처할 수 있도록 도움을 받는 편이 더 나아. 어떨 때는 너무 화가 나서 네게 끔찍하게 군 사람이나 네 친구에게 이야기하기가 어려울 수도 있거든. 그래도 얼마든지 괜찮아. 선생님이나 믿을 만한 어른이 너를 도와줄 수 있을 거야.

중요한 건 누군가가 너를 화나게 만들거나 불편하게 하는 말이나 행동을 했을 때는 그런 감정을 억누른 채 숨지 말아야 한다는 거야. 친구, 형제자매, 믿을 수 있는 어른에게 이야기해서 도움을 받아. 그렇게 하지 않으면 상황은 더 나빠질 수 있고, 나쁜 감정이 커지고 또 커져서 너를 집어삼킬 거야. 달갑지 않은 생각들을 밖으로 꺼내지 않은 채 오랫동안 묵혀두면 네가 그런 일을 겪어도 마땅하다는 생각이 들지도 모르지. (스포일러 주의. 절대로 그렇지 않아. 너는 얼마든지 이해받고, 말하고, 존중받을 자격이 있어! 그건 어느 누구라도 마찬가지야.)

앞서 3장에서 괴롭힘을 살펴볼 때 이야기했던 것처럼 누군가가 네게 못되게 구는 건 보통 그 사람 본인에게 문제가 있기 때문이잖아. 화가 났거나 너를 질투하거나 본인이 불안한 것일지도 몰라. 누군가가 네게 못되게 구는 건 네 탓이 아니야.

도움을 받고 주장을 내세우는 법도 알아야 해. 살다 보면 원치 않는 행동을 남들이 시키려고 할 때도 있어. 어쩌면 못된 짓을 꾸미고 그 일에 끌어들이려는 걸 수도 있지.

또, 내가 고른 중등 검정고시 과목을 과학에서 언어 과목으로 바꾸라고 남들이 말했던 것처럼 하고 싶은 일을 하지 못하게 막으려는 상황도 분명 있을 테지.

억지로 시키거나, 하지 못하게 하는 이 두 가지 경우 모두 자신 스스로가 옳다고 생각하는 것을 굳게 믿고 그걸 밀어붙이는 게 중요해. 인생을 살아갈 때 제법 괜찮은 규칙은 바로 네가 별로라고 생각하는 걸 다른 사람들이 너에게 하라고 계속 강요해서는 안 된다는 거야. 그리고 좋아하는 일을 남들이 못하게 막도록 내버려 둬서도 안된다는 거지.

나는 그때 중등 교육 자격 검정 시험에서 치를 수 있는 과학 과목 시험은 다 치르겠다고 뜻을 굳게 지켰지. 이제 어른이 된 나는 과학자로 일을 하고 있으니, 그때 결정을 참 잘 내린 것 같지?

이 일은 내게 스스로를 지키는 힘을 일깨워 줘. 네가 옳다는 사실을, 또는 네게 무언가가 중요하다는 사실을 알고 있다면 상대방이 엄청나게 합리적인 이유를 대지 않는 한 다른 사람이 너를 다른 길로 가도록 설득하게 내버려 둬서는 안 돼. 우리에게 직감이란 게 있는 이유가 다 있어. 어떤 걸 해야 할지 마음속에서 찬찬히 느껴 봐. 네 직감을 믿고, 쉽게 설득 당해서 직감을 거슬러서는 안 돼.

의견이 일치하지 않는 일은 어째서 중요한지, 또 이 상황에 대처하는 다양한 방법으로는 어떤 것들이 있는지 이 장에서 잘 보여 주었다면 좋겠어.

때때로 우린 의견이 언제 그리고 왜 일치하지 않는지 인지하고, 타협을 하면서 이를 해소할 방법을 찾아야 하지.

또 어떨 때는 우리에게 소중한 것들을 지키면서, 다른 사람들이 우리를 멋대로 좌지우지하지 못하게 해야 해.

적절하게만 다룬다면 의견이 일치하지 않는 상황은 건강하고 자연스러운 삶의 일부야.

다만 과학자처럼 생각하는 법을 잘 기억해 둬. 첫 번째, 처한 상황을 판단하고 이해해 봐. 우리는 왜 그리고 무엇에 관해서 의견이 일치하지 않을까? 그런 다음, '여기서는 타협점을 찾아봐야겠다' '여동생은 나보다 이 일을 어려워한다는 걸 받아들이고 여동생을 도와줘야겠다' '괴롭힘을 당하는 친구를 도와줘야겠다' 또는 '이건 혼자서 해결할 수 없으니까 도움을 받아야겠다'처럼 상황에 알맞은 대처법을 찾아봐.

물론 누군가와 의견이 대립하거나 비판할 때면 곧바로 대처하기 어려울 수 있어. 사적인 문제로 받아들여서 말대꾸를 하고픈 마음이 치밀어 오르고는 해. 감정적으로 굴거나 심지어는 성을 내며 맞붙을 수도 있지.

그런 상황에 뒤따르는 건 더 차분하고, 친절하고, 쓸모 있는 행동이어야 해.

혹시 내 이야기와 의견이 다르다면 네 생각을 들려주었으면 좋겠어!

내 조언은 바로 이거야!

심호흡을 해 봐.
하아아, 벌써
한결 나아졌지?

머릿속에 가장 먼저
떠오르는 걸 곧바로
말로 내뱉지 마.

그래도 계속 신경이 쓰이면
네 생각을 글로 적거나
그림으로 그려 봐.
의견이 일치하지 않는
난감한 상황에 처해 있을 때면
이 방법이 늘 내게 도움이 됐어!

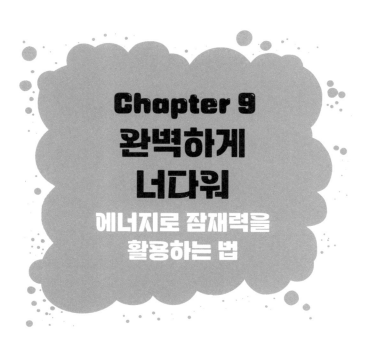

Chapter 9
완벽하게
너다워
에너지로 잠재력을
활용하는 법

어릴 적 내가 제일 좋아했던 놀이는 아주 단순한 놀이였어. 놀이터에
있는 그네와 이미 신고 있는 신발 말고는 아무것도 필요가 없었지.
그네를 앞뒤로 흔들면서 속도를 높이다가 신발을 벗어서 놀이터 울

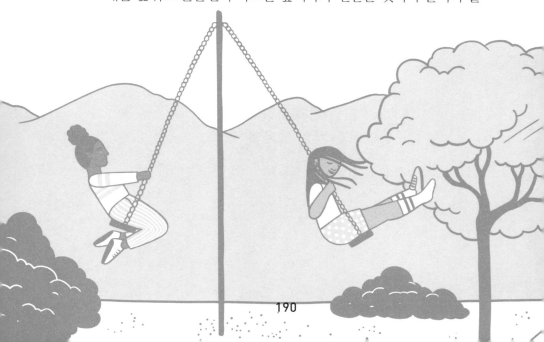

타리 너머로 최대한 멀리 차 보내는 거야. 창의력 넘치게, 우리는 이 놀이를 '신발 슈웅'이라고 불렀지.

제대로 '찼다'는 게 느껴지거나 신발이 울타리 너머로 높이 솟아오르면 정말 기분이 좋았어. (아, 부탁인데, 다른 사람이 맞을 위험이 없는 곳에서만 이 게임을 해 줘!)

'신발 슈웅'은 훌륭한 과학 실험이기도 해. 신발을 날릴 때는 흥미로운 물리학 현상이 벌어지거든. 발을 움직여서 신발에 있던 잠재 에너지를 운동에너지로 바꿔 준 덕분에 신발이 나아가는 거거든.

신발이 날아가다가 가장 높은 지점에 이르고 다시 땅으로 떨어질 때 이 에너지는 다시 중력 잠재 에너지로 바뀌어. 중력이라는 힘이 발휘되는 거야. 사물을 땅으로 끌어당기는 힘이지.

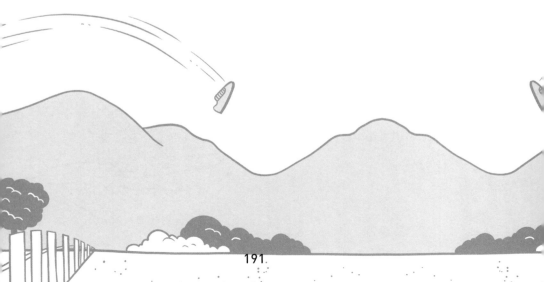

이 놀이는 우리 모두 이해해야 하는 재밌으면서도 중요한 물리학의 한 부분을 알려 줘. 바로 모든 물체들은 그저 자기 상황에 맞게 가만히 있는 것만으로도 자기 안에 잠재 에너지를 지닌다는 사실이야.

바구니 안에 몸을 웅크리고 있는 고양이는 게으르고 마냥 편안해 보이겠지만 사실 이 고양이에게는 잠재 에너지가 가득 차 있어. 언제든 움직이고 튀어오를 준비가 되어 있지. 정원에 있는 새가 눈에 들어오거나 저쪽 부엌에서 참치 캔을 따는 소리가 들리면 고양이는 바구니에서 펄쩍 뛰어나갈 거야. 고양이의 잠재 에너지가 갑자기 운동 에너지로 변하는 순간이지.

식탁 위에다 올려 둔 머그도 똑같아. 실수로 머그컵을 치면 그 머그컵이 지니고 있던 중력 잠재 에너지가 발동되어 바닥으로 쓰러지겠지. (그래서 내가 주로 바닥에 앉거나 누워서 일을 하는 거라니까. 이런 사고가 일어날 확률이 낮잖아.)

이 우주에 있는 모든 것들은 살아있건 그렇지 않건 간에 네가 주변에서 보고 만질 수 있는 모든 것들은 잠재 에너지를 가지고 있어. 그렇지만 이런 에너지의 양이 늘 똑같지는 않아.

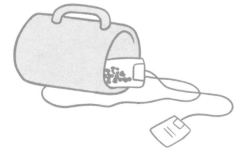

네 머리 높이에서 떨어뜨리는 테니스공은 네가 옆구리 쪽에 들고 있는 테니스공보다 더 빠른 속도를 내며 바닥으로 떨어질 거야. 처음에 네가 그 공을 높은 곳으로 들어 올리면서 중력과 반대 방향으로 나아간 덕분에 머리 위에 있던 테니스공은 중력 잠재 에너지를 더 많이 갖게 되거든.

이와 마찬가지로, 네가 아주 힘차게 트램펄린에 뛰어든다면 뛰어내린 것보다 훨씬 더 높이 튀어오를 거야. 네가 트램펄린 안에 들어 있는 스프링을 더욱 세게 눌러서 스프링이 가지고 있는 잠재 에너지를 늘리고, 스프링이 너를 더 높이 튕겨내도록 만들기 때문이야.

이런 에너지를 탄성 잠재 에너지라고 불러. 어떤 물체가 얼마나 탄성이 강한지를 측정하는 단위라고 생각하면 돼. (우리 인간이 지닌 에너지를 따져 볼 때에도 유용한 방법이야. 큰 행사가 있어서 피곤하겠다는 생각이 들면 나는 행사 전날 아무도 만나지 않고, 꼭 필요할 때 쓸 탄성 잠재 에너지를 더 모아 두거든.)

이 잠재 에너지는 나라는 개인이 지닌 잠재 에너지를 이해하는 데 큰 도움이 됐어.

지금도 마찬가지지만 나는 '너는 정말 큰 잠재력을 가졌어'라는 말이 정말 듣기 싫었어. 그게 어떤 뜻인지 이해하지도 못했고, 또 수많은 사람들이 나를 대하는 방식과 완전히 동떨어진 말이었거든. 내가 딱 보기에도 이상하고, 또 어느 것에도 집중하지 못하고 시키는 대로 하지 못한다는 이유로 많은 사람들이 나를 마치 절대 아무것도 이루지 못할 사람처럼 취급했으니까.

잠재 에너지는 그보다 훨씬 더 친근하게 느껴졌고, 여러 가지를 설명할 수 있게 도와줬어. 모든 것들이 잠재 에너지를 지니고 있듯이, 우리 한 사람 한 사람도 잠재 에너지를 지니고 있다는 걸 내게 가르쳐 주었지.

잠재 에너지를 지니고 있다는 건 과학적으로도 맞는 말이야. 우리 몸은 작동하는 데 필요한 에너지를 엄청나게 많이 저장하고 있거든. 우리가 밥이나 간식을 먹을 때마다 채워 넣은 에너지야.

그렇지만 잠재 에너지는 문자 그대로 보다 더 폭넓은 의미를 지닌 개념이기도 해. 우리 한 사람 한 사람 모두가 잠재력을 지니고 있다는 의미지. 우리 모두 재미있는 걸 하며 살아가고, 성공을 거두고, 즐겁게 지내고, 배우고, 다른 사람들을 사랑하고 도울 능력이 있어.

우리가 지닌 잠재력을 알아내는 건 인생에서 제일 크나큰 모험이자,

어른이 되어서도 계속되는 일이야. 우리는 모두 무얼 하고 싶은지, 어떤 걸 즐기는지, 세상과 우리 주변 사람들에게 좋은 추억을 남기는 방법은 무엇인지 찾아내려 해. 그리고 우리는 모두 다 제각기 고유한 차이와 이상한 면을 지닌 개개인이기 때문에, 잠재력을 알아내는 건 우리 스스로만이 할 수 있어.

그래서 이번 장에서는 잠재 에너지라는 개념이 우리가 개인으로서 지닌 잠재력을 어떻게 규정하고 또 궁극적으로는 발휘하도록 돕는지 살펴볼 거야.

너만이 할 수 있는 것

우리 잠재력은 우리한테서 시작해. 바로 이 점 때문에 우리는 곧바로 어려움을 맞닥뜨리지. 바로 자신을 다른 사람과 비교하는 인간의 버릇 때문이야!

우리 모두 남들과 비교를 해. 분명 너는 친구나 반 아이들이 무얼 하는지 지켜보면서 그 아이들이 정말 잘하는 일에만 초점을 맞춘 적이 많을 거야. 특히 네가 잘하지 못하는 일이라면 더더욱 그렇지.

만약 다른 아이들이 너보다 빨리 달린다거나 숙제를 더 금방 끝낸다거나 점심시간에 같이 몰려다니는 친구들이 많다면 기분이 좋지 않을 수도 있어. 더 나쁜 건, 네가 다른 사람들한테 지나치게 집중을 하다 보면 너를 반짝이고 흥미로운 사람으로 만들어 주는 것들을 잊어버리고 자꾸 부정적으로 비교만 하게 된다는 거야. '쟤는 이걸 할 수 있는데 나는 못 하네.' '얘는 저걸 잘하는데 나는 그럴 수가 없어. 그러면 굳이 시도할 필요조차 있나?'

이건 세상을 바라보는 데 전혀 도움이 되지 않는 방식이야. 또, 우리 스스로를 바라보는 부정확한 방식이기도 하지.

이건 다른 사람들이 가지고 있는 잠재력 때문에 자신과 비교하며 걱정하느라 시간을 다 흘려보내는 바람에, 우리가 지닌 잠재력에 관해서는 덜 생각한다는 뜻이야.

이렇게 비교를 하게 되면 우리 잠재력과 능력이 남들과는 얼마나 다른지 생각해 볼 수도 없어.

사실 누구나 다 어떤 건 잘하고, 또 어떤 것들은 못해. 그리고 대부분 이건 우리가 부모님에게서 물려받은 유전자에서 무작위로 정해진 거야.

예를 들어, 어떤 사람들은 아주 빠른 반응을 해. 그런 사람들 근처로 무언가가 떨어지면 아마 빠르게 잘 붙잡을 거야. 어떤 사람들은 음악을 듣는 '귀'를 타고났어. 음을 들었을 때 악보를 보지 않고도 그 음을 알아내.(이런 걸 절대음감이라고 해) 또 어떤 사람들은 냄새를 유난히 잘 감지해.(이런 걸 후각과민이라고 해)

우리가 인간으로서 지닌 차이는 태어나면서부터 생겨난 것일 수도 있고, 우리가 자라나는 환경 속 우리를 둘러싼 사람, 장소, 주변의 영향 때문에 발달한 것일 수도 있어.

만약 부모님 중 수학 선생님을 둔 사람은 아마도 대수학과 긴 나눗셈을 더 빨리 익힐 거야. 집에 책이 많고, 부모님께서 책을 읽는 모습을 어릴 적부터 봐 온 사람이라면 아마도 좀 더 빠르게 책을 읽는 사람으로 발전하겠지. 어떤 사람들은 남들에게는 없는 유리한 점이 있어. 공평하지는 않지. 하지만 그렇다고 해서 유리한 점이 있는 사람들이 더 훌륭한 사람인 건 아니야. 그냥 운이 좋은 사람일 뿐이지.

이게 중요해. 우리를 이루는 유전자부터 우리가 자라난 환경까지, 또 겉모습, 소리, 행동에 따라 세상이 사람들을 대하는 방식까지 모두 우리가 개인으로서 지닌 잠재력은 온갖 운이 만들어 낸 산물이야.

잠재력은 개인적인 거야. 타고난 머리 색깔이나 귓불 모양을 남과 바꿀 수 없듯이 우리는 다른 사람의 잠재력을 가질 수도 없고, 다른 사람이 우리 잠재력을 가질 수도 없어.

살아가다 보면 우리에게 맞지 않는 것들이 있는데, 그래도 괜찮아. 마치 네가 아무리 벽돌을 스프링처럼 쓰려고 해도 벽돌이 절대로 탄성 잠재 에너지를 지닐 수 없는 것처럼, 그게 현실이니까.

이것 때문에 기분 나빠하거나 걱정하지는 마. 그러기보다는, 네가 즐기고 잘하는 일에 집중해. 너의 잠재력을 기르고, 다른 사람들의 잠재력 때문에 주눅 들지 마. 다른 사람들은 모르지만 너는 아는 것들, 그리고 다른 사람들은 못하지만 너는 할 수 있는 것들이 있다는 걸 기억해.

살아가다 보면 우리 모두 때로는 자신감이 떨어져서 힘들어지기도 해. 그러면 우리가 인간으로서 지닌 잠재력을 보거나 믿기가 어려워지지. 그렇지만 우리는 계속 노력해야 해. 그것만이 진정한 자기 자신을 발견하고, 우리가 어떤 걸 잘할 수 있는지를 알아내는 유일한 방법이니까. 나는 살아오면서 과학 분야에서 계속 공부하고 경력을 쌓기 위해 고군분투했어. 어떤 선생님들은 내가 과학 과목에 집중하는 걸 달갑지 않게 여겼지. 또 시간이 흐르고 나서는 어떤 사람들은 내가 ADHD(주의력 결핍 과다행동 장애)여서 서로 다른 아이디어들 사이를 이리저리 건너뛰기 때문에 전문 과학자가 될 만큼 집중력이 좋지 않을 거라고 했지.

그렇지만 나는 그런 의견들을 무시했어. 과학이 나를 이끄는 빛이라는 걸 알고 있었으니까. 과학은 그저 내게 말을 걸어오면서, 다른 그 어떤 것도 하지 못했던 방식으로 날 이해시켜 주었어. 제일 처음 과학 책을 펼쳐 보았던 바로 그 순간부터, 과학에는 나라는 퍼즐을 이루는 큰 조각이 될 잠재력이 있다는 걸 분명히 알 수 있었지. 그 뒤로 나는 과학을 공부하는 걸 쭉 고수했고, 그렇게 했던 걸 단 한 번도 후회한 적 없어.

네가 살아가면서 어떤 것을 하기로 결정했는지는 상관없어.(시간이 한참 지나서 그걸 찾아낼 수 있을지도 몰라. 그러니 충분히 여유를 두렴!) 어쩌면 네가 수학 천재나 뛰어난 운동선수가 되는 일은 없을지도 모르지. 그렇다고 해서 초조해하지는 마. 네가 아직 생각조차 하지 못했던 멋진 일들이 살아가면서 많이 생겨날 테니까.

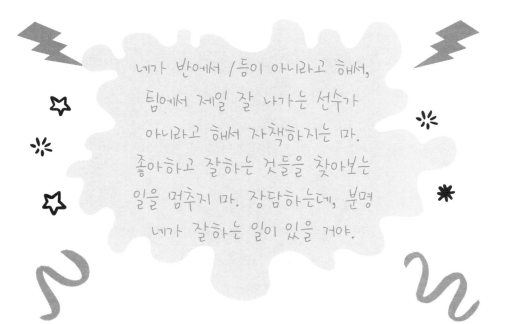

네가 반에서 1등이 아니라고 해서,
팀에서 제일 잘 나가는 선수가
아니라고 해서 자책하지는 마.
좋아하고 잘하는 것들을 찾아보는
일을 멈추지 마. 장담하는데, 분명
네가 잘하는 일이 있을 거야.

잠재력에 관한 이야기가 또 하나 있어. 잠재력은 발휘되기를 기다리면서 저기 어딘가에 있는 건 맞지만, 그렇다고 해서 잠재력이 곧 직업으로 이어지는 건 아니야.

사람들은 때로 '원래부터 그렇게 되려던 거였다'는 말을 하기도 할 거야. 그렇지만 먼저 행동하지 않고서는 그 어떤 것도 저절로 일어나지 않아.

꼭대기에서 굴려 주지 않는다면, 공이 스스로 알아서 언덕을 따라 내려올 리 없잖아. 공에는 잠재 에너지가 가득하지만 이 에너지를 발휘하려면 운동에 힘을 줘야 해.

그렇게 누군가가 쿡 찔러서, 공이 지닌 잠재 에너지를 바꾸어 움직일 수 있도록 힘이 작용해야 하지.

물리학에는 이런 과정을 가리키는 표현이 있어. 에너지가 한 가지 형태에서 다른 형태로 바뀔 수 있도록 힘이 작용하는 것 말이야. 바로 '일'이라고 해. (그래, 전문용어 맞아.)

일은 네가 테니스공을 머리 위로 들어 올렸다가 떨어뜨릴 때(또는 테니스 시합에서 서브를 넣을 때) 벌어지는 거야. 중력은 공을 땅바닥으로 끌어당기려고 하기 때문에, 네가 중력에 반하는 힘을 가해서 공을 위쪽으로 밀거나 던져야 해. 그래서 네가 일을 해야 하지.

그렇게 하면 너는 공이 지닌 잠재 에너지를 움직일 때의 운동 에너지로 바꿨다가, 다시 바닥으로 떨어질 때는 중력 잠재 에너지로 바꾸는 셈이야.

테니스공을 바닥에서 집어 올리거나 던지지 않는 것
처럼 이렇게 잠재 에너지를 변환해 주는 일
이 없으면 아무것도 일어나지 않아.

그리고 이건 우리가 삶을 살아갈 때도 정
확히 똑같이 적용돼.

우리가 아무 일도 하지 않으면 아무것도 벌어지지 않아. 우리는 그
저 우리가 있는 바로 그곳에 머무르게 돼. 잠재력을 가지고도 아무
것도 하지 않았으니까.

우리는 바로 그 잠재 에너지를 무언가 현실적이고 쓸모 있는 무언가
로 바꿀 수 있게 우리 스스로를 떠밀어야 해. 역사 속에서 인간은 이
런 일을 계속 해 오면서 좋은 아이디어를 세상을 변화시키는 발명으
로 바꾸어 왔어. 만약에 끓는 물에서 나오는 증기를 에너지의 형태
로 이용할 수 있다는 사실을 토머스 세이버리라는 공학자가 알아내
지 않았더라면 오늘날 세상은 전혀 다른 모습이었을걸. 이 발견은
엔진을 발전시켰어. 오늘날 네가 차에서 보는 엔진하고 별반 다르지
않은 엔진 말이야!

우리가 잠재력을 발휘하기 위해 하는 일이 꼭 세이버리가 했던 것만
큼 세상을 바꾸지 못할 수도 있지만, 설령 그렇더라도 우리에게는

여전히 중요해.

일이란 따분해 보이는 걸 배우도록 스스로의 등을 떠미는 것일 수도 있어. 더 재밌는 것들을 다루는 데 도움이 될 테니까. 과학과 수학 마니아인 나에게도 도저히 이해가 안 가던 이론이나 방법들도 있었어. 그렇지만 그게 전체 레시피에서 아주 중요한 재료라는 걸 알고 있었기 때문에 그것들을 익혔지. 밀가루만 먹으면 맛이 썩 좋지는 않지만, 그 밀가루 없이는 케이크를 구울 수가 없잖아. 이렇게 일하는 게 즐겁지는 않았지만, 그 덕분에 내가 과학자로서 지닌 잠재력을 발휘할 수 있었어. 그렇게 일했던 나 자신에게 고마워.

일은 단지 공부만 이야기하는 게 아니야. 네가 어떻게 하면 더 좋은 사람, 더 동정심 많은 사람이 될 수 있는지와도 관련이 있어. 동정심이 많다는 건 가족과 친구의 이야기에 더 귀를 기울이고 이 사람들을 괴롭게 하는 게 무엇인지 네가 어떻게 하면 도와줄 수 있을지 알아간다는 뜻일 수 있고, 독서 마라톤 캠페인을 해서 기금을 모으는 것처럼 네가 중요하게 생각하는 대의를 지지하는 것일 수도 있지.

이런 맥락에서 본다면 결국 일이란 공을 굴린 다음, 그 공이 계속 굴러갈 수 있게 노력하는 거야. 그 누구도 이게 쉬운 일인 것처럼 치부해서는 안 돼. 우리 삶에 작용하는 '중력'은, 바로 아무것도 하지 않는 게 더 쉽다고 말하는 힘이거든. 책을 더 읽지 않거나 숙제를 더 하지 않는 것, 어려워 보이는 걸 시도하지 않는 것, 다른 사람에게 도와주겠다고 하지 않는 것 등등이지.

그렇지만 이 중력에 맞서면 우리는 더 좋은 사람이 돼. 스포츠 경기를 하는 것이든 미니어처 모형을 만드는 것이든 수학 문제를 푸는 것이든 케이크를 굽는 것이든 우리가 즐기는 일들을 더 잘하게 되지. 다른 사람이 부탁하지 않아도 남을 도와줄 방법을 찾아볼 때 우리는 더 친절한 사람이 돼. 그리고 새로운 것들을 배우려고 계속 노력할 때 우리는 더 똑똑한 사람이 되지. 우리는 이렇게 발전하고 살아가는 거야! 이게 우리가 어떤 잠재력을 지녔는지 발견하는 방법이야.

무언가를 단박에 정말로 잘하게 되는 게 중요한 게 아니야. 시도하는 데 필요한 자신감과 호기심을 품고, 계속 시도하고 나아가면서 발전하는 게 중요해. 그게 바로 궁극적으로 우리가 잠재력을 발견하고, 온전히 발휘하는 방법이야.

잠재력 발휘를 가로막는 '차별'

잠재력은 너의 개인적인 것이고, 그 잠재력을 네가 보고 느낄 수 있는 무언가로 변환하려면 일을 해야 한다는 것, 이제 알겠지?

마지막으로 하나 꼭 이야기하고 싶은 것이 있어. 그러려면 이번 장을 시작할 때 이야기했던 놀이터의 그네로 다시 돌아가야 해. 우리가 '신발 슈웅' 놀이를 다 같이 하고 있다고 생각해 보자. 이건 시합이 긴 하지만, 완전히 공정한 시합은 아니야. 어떤 사람은 다른 사람보다 유독 다리가 더 튼튼하고 더 길어서 신발을 더 멀리까지 차 보내기가 좋을 테니까.

또 어떤 사람은 울타리와 더 가까운 그네를 타고 있을 수도 있어. 이건 신발이 더 짧은 거리만 날아가도 된다는 뜻이겠지.

어쩌면 내가 먼저 차고 그다음 네가 차려는 사이에 바람이 더 세게 불기 시작할 수 있어. 3장에서 이야기했던 공기 저항 기억나니?

우리 모두가 똑같은 출발점에서 시작하거나 똑같은 장비를 갖추고
시합을 하지는 않아.

안타깝게도 그건 우리 인생에서도 마찬가지야.

울타리에서 멀리 떨어진 곳에서 시작하거나 짧은
다리로 놀이를 하거나 신발이 날아가기 어렵
도록 신발 끈이 더 꽉 묶인 채로 놀이를 하
는 것처럼 만드는 상황이 많아.

다른 사람들이 자유롭게 할 수 있는 일
을 어떤 사람들은 할 수가 없거나 못하
도록 가로막히기 때문이지. 그렇게 되는
건 전혀 이 사람들의 잘못이 아니라, 사회
구조와 시스템이 이 사람들에게 불리하도
록 만들어졌기 때문이야.

여자아이들은 성차별을 겪을 수가 있어. 남자아이들
과 동등한 대접을 받지 못한다는 뜻이야. 실제로 할 수 있
는 일보다는 외모나 사람들이 예상하는 능력에 따라 평가받을 수
도 있고, 여자아이라서 무언가를 할 수 없다던가, 해서는 안 된다
는 말을 들을 수도 있어. 이를테면 스포츠 경기를 하거나 어떤 과

목을 공부한다거나 어떤 직업을 갖고 싶다고 했을 때 가로막힐 수 있지. 물론 이런 게 완전히 잘못된 생각이라는 걸 우리는 알고 있지만 안타깝게도 여전히 이런 차별이 벌어지고 있어.

⚛ 피부색이 하얗지 않은 사람들은 인종차별을 겪을 수 있어. 외모나 출신지 때문에 다른 사람들에게 차별을 받는 일이지. 단지 자신들과는 다르다는 이유로 차별하는 거야. 인종차별은 사람들을 고유한 개인으로 취급하지 않아. 이건 사람들을 겉모습에 따라서 규정하고, 비슷한 겉모습을 지닌 사람들은 언제나 똑같은 방식으로 생각하고 행동할 거라는 믿음을 바탕으로 삼는 차별이야. 역사 속에서 인종차별은 사람들을 비인간적으로 대우하고 표적이 된 사람들에게 이루 말할 수 없는 상처를 입히는 끔찍하고 폭력적인 차별을 가하는 구실이 되었어.

⚛ 장애가 있거나 신경 발달 장애를 지닌 사람들도 차별을 겪을 수 있어. 원하는 직업을 갖기 더 어려울 수도 있지. 또 '정상적'인 삶을 살 수 없을 거라는 말을 듣는 사람들도 있다는 걸 나는 잘 알고 있어. 그 말은 사실이 아니야. 그리고 이런 부정적인 추측은 그

저 한 사람이 받은 의학적 진단을 구실 삼아 내린 잘못된 판단일 뿐이야.

레즈비언, 게이, 바이섹슈얼, 트랜스젠더, 퀴어, 또는 다른 성 정체성이나 성적 지향을 가진 LGBTQ(위에 예시를 든 성소수자를 지칭하는 약어)도 사람들도 차별을 겪을 수 있어. 자신들의 섹슈얼리티, 성 정체성 또는 젠더 정체성 때문에 괴롭힘을 당하거나 나쁜 대접을 받는 거야. 젠더 규범에 순응하지 않고 남성이나 여성 가운데 그 어떤 쪽으로도 자신을 규정하지 않는 사람들은(이를 두고 논바이너리라고 불러) 다른 사람들이 자신의 정체성이나 자신을 부를 때 쓰는 말을 진지하게 여기지 않는다고 느끼기도 해.

이 모든 게 아주 충격적이지. 네가 이 가운데 어떤 차별도 겪지 않았으면 해. 나중에는 이런 형식의 차별이 점점 더 드물어져서 거의 없는 것이나 마찬가지인 정도가 되었으면 좋겠어. 그렇게 되는 건 얼마든지 가능하다고 나는 자신해. 정말 많은 너희 세대 사람들은 아주 똑똑하고 사람들의 피부색, 배경, 젠더, 성적 지향, 또는 그 어떤 정체성과 상관없이 모든 사람들을 포용해 주니까.

그렇지만 애석하게도 1장에서 고정 관념을 다루면서 살펴보았던 것처럼, 사회는 여전히 인종처럼 특정한 공통적인 특징을 구실로 삼아서 사람들을 집단으로 나누어 분류하는 경우가 많아. 그리고 이들을 주변화시켜서 '소수자'나 '타자' 집단으로 취급하지.

그렇게 되면 이 사람들이 살아가면서 잠재력을 발휘하거나 꿈을 좇기가 어려워져. 단순히 우리가 살아가는 세상이 다른 사람들보다 어떤 사람들을 더 쉽게 받아들인다는 이유로 말이야. 어떤 사람들이 제아무리 뛰어난 '신발 슈웅' 선수라 한들, 바람이 결코 이 사람들 편에 서 주질 않는 거지.

혹시 여기서 이야기한 차별들을 겪게 된다면 너에게 문제가 있어서가 아니라는 사실을 기억해 둬. 너는 다채롭고, 아름답고, 놀라운 자아를 지닌 걸 축하해야 해. 한발 더 나아가자면 세상은 늘 똑같은 자리에 머무르지는 않을 거야. 많은 사람들이 세상을 바꾸고 싶어 해. 그리고 그렇게 바꾸기 위해 많은 사람들이 아주 열심히 일하고 있어.

세상이 바뀌도록 하려면 우리는 무엇을 할 수 있을까?

첫 번째로, 잠재력을 펼치는 과정에서 멈추거나 좌절해서는 안 돼. 잠재력을 발휘할 때 가장 중요한 부분은 어디까지나 여전히 우리가 하는 것, 또 쏟아 붓는 노력이야. 네가 하는 일들은, 네게 못되게 굴거나 너를 하찮게 여기는 사람들의 행동보다도 훨씬 더 중요해. 너는 자신감 있게 나서고, 너의 삶을 살고, 아무도 너를 막아서지 못하도록 해야 해.

두 번째로, 불평등과 부당함을 자각해야 해. 특히 그런 일이 다른 누군가에게 벌어질 때 말이지. 일상 속에서 너는 이런 문제를 마주칠 수도 있고 어쩌면 그러지 않을 수도 있어. 그렇지만 내가 장담하건대, 이런 식의 차별을 겪은 사람들을 넌 알고 있을 거야. 설령 네가 두 눈으로 직접 본 게 아니라 하더라도.

이런 차별이 일어나지 않도록 막을 수 없을지도 몰라. 넌 그저 크고 혼란스러운 세상을 살아가는 한 사람에 불과하니까. 그렇지만 아무것도 할 수 없다는 뜻은 아니야. 너는 친구들과 이야기를 나눌 수 있고, 친구를 위해 목소리를 낼 수 있고, 혹시 네가 도와줄 수 있는 일이 있는지 물어볼 수도 있어. 다른 취급을 받는 사람이나 어려운 일을 겪는 사람에게 좋은 '협력자'가 되어 주는 것, 그 자체만으로도 슈퍼 파워야. 더 알아 갈 방법을 찾는 것, 특히 이야기를 듣고 화를 낼 만한 사람들에게 묻기보다는 사람들이 공유한 경험담을 읽으며 배우는 것이 중요해.

차별이 일어난다는 사실을 알고 자각하는 것만으로도 올바른 방향으로 나아가는 한 걸음이 되지. 모든 사람들이 우리와 똑같은 방식으로 세상을 경험하지는 않는다는 걸 깨달을 때 우리는 더 나은 사람이 되거든. 우리가 마주치지 않는, 우리 눈에 보이지 않거나 귀에 들리지 않는 장벽들을 어떤 사람들은 종종 마주친다는 사실을 배울 때 우리는 더 나은 사람이 돼. 신발을 멀리 차서 보내기 어렵도록 만드는 장벽들 말이야.

그러니 네 자신의 잠재력, 네가 더 잘하고 싶은 일들, 네가 이루고 싶은 꿈을 떠올릴 때면 그게 단지 너만의 일은 아니라는 걸 기억해. 너의 삶 속에는 저마다의 바람, 욕구, 문제를 지닌 정말 많은 사람들이 함께 살아가고 있어. 다른 사람들을 모두 뒤에 따돌린다면 제아무리 너 혼자 앞으로 치고 나간들 아무런 의미가 없어.

네가 다른 사람들을 돕고 지지하는 일들은 네가 너 스스로를 돕는 일만큼이나 중요해. 때로는 훨씬 더 중요할 때도 있어.

우리 주변 모두가 똑같이 잠재력을 발휘할 수 있는 기회가 있어야만 우리도 진정으로 잠재력을 발휘할 수 있거든.

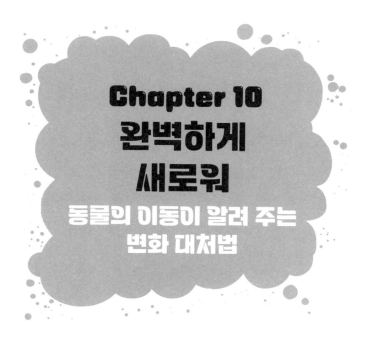

Chapter 10
완벽하게 새로워
동물의 이동이 알려 주는 변화 대처법

이 책에서 이야기한 내용들은 대부분 지금 너의 삶과 관련이 있어. 학교에 가고, 주말에 친구들을 만나고, 숙제를 하고, 운동을 하고, 형제자매와 말다툼을 하고, 설거지를 돕는 일이지.

그런 일들은 네가 이미 충분히 생각해 보았을 것이고, 어쩌면 마치 이제 배를 충분히 많이 채웠으니 고맙긴 하지만 더는 소화할 이야깃거리를 얻어 주지는 않았으면 좋겠다는 기분이 들지도 몰라.

그렇지만 이번이 우리가 함께하는 최종장이니까, 마지막으로 앞을 좀 내다보고 싶어. 미래를 향해, 또 네 삶이 어떻게 바뀔지에 관해 얘기해 보자.

왜냐하면 이건 바라건 바라지 않건 간에 일어날 일이거든. 너는 새로운 학교에 갈 거고, 또 졸업하면 더 이상 학교에 다니지 않게 될 날도 오겠지. 새로운 친구들도 만들게 될 거고(물론 옛날 친구들 몇몇과도 연락을 주고받는다면 좋겠지), 새로운 음식을 먹어 보고, 새로운 장소에 가고, 새로운 것들을 할 거야. 세상에 관해, 또 너 자신에 관해 배우고, 결국에 집을 떠나기도 하겠지.

정말 많은 게 변하는 것처럼 느껴지지. 실제로도 그렇거든. 우리의 평생은 성장과 진화로 이뤄진 커다란 과정이야. 우리 몸이 다 자라 성인 수준이 될 때까지, 우리는 말 그대로 성장해. 그리고 온갖 다양한 방향으로도 성장하지. 우리 능력이 발전하고, 취향과 관심사가 바뀌고, 우리가 품은 야심과 인생의 목표가 더 명확해지는 거야.

변화는 무섭게 느껴질 수도 있지만 중요한 것이기도 해. 우리 개인은 새로운 사람을 만나고 새로운 것(기술이나 새로운 지식)을 배우면서 성장하고 발전해. 그러려면 새로운 곳에 간다든지, 새로운 동아리에 들어가는 상황같이 처음에는 어렵다고 느낄 법한 상황에 발을 내딛어야 해.

어른들조차 이런 어려운 기분이 사라지지는 않는다고 이야기하면 네가 좀 안심이 될까? 새로운 일을 시도해야 한다거나 처음 보는 사람들을 만나야 할 때면 다 자란 어른들도 겁을 먹기도 해.

그렇지만 그런 두려움을 끌어안고 그 변화를 움켜쥐면, 엄청난 일들이 일어날 거야. 생각하고 배우도록 만드는 새로운 일들을 다룰 때 우리는 가장 생생히 살아 있으니까.

이렇게 변화에 대처하는 것이 어릴적 내가 어려워했던 일이라고 이야기해도 어쩌면 너는 별로 놀라지 않을지도 모르겠네. 일상적이고 규칙적인 일에 의지했던 나로서는 새로운 상황 때문에 삶의 균형이 깨지기도 했어. 일이 어떻게 되어가는 건지, 또 다음에는 어떤 일이 벌어지려는지 짐작할 수도 없었지. 처음 접하는 불쾌한 색과 냄새가 대체 언제 내 눈에서 눈물이 나오게 만들고, 또 내 머릿속에 시끄러운 경고음을 가득 채울지 도통 알 수 없었어.

그렇지만 여기까지는 이야기의 절반에 불과해. 새로운 것들은 나를 매료시키기도 했으니까. 심지어 어렸을 적에도 나는 낯선 것들을 두려워하고 마음 한 구석에서는 어딘가 안전하고 익숙한 곳으로 달아나고픈 기분이 들었지만, 또 그만큼 낯선 것들을 탐험하고 발견하는 걸 좋아하기도 했어. 내 안에 자리 잡고 있던 과학자는 새로운 장소와 환경을 익혀가면서, 발견한 것들을 담은 지도를 탐험가처럼 머릿속에 그려 나갔지.

우리 모두 조금씩은 이런 기분이 들 것 같아. 변화를 마주할 때면 우리를 서로 다른 방향으로 잡아끄는 감정이 들잖아. 무서운 기분과 신나는 기분을 동시에 느끼고는 해. 변화는 끔찍할 수도 있지만, 또 한편으로는 좋을 수도 있어. 시도해 보기 전까지는 절대로 알 수 없지.

어느 감정들이 뒤섞여서 느껴지건 간에 우리 삶이 발전해 나가는 과정에서 누구나 다 변화에 대처하는 법을 반드시 익혀야 해. 새로운 일을 시도하는 건 누구에게나 최고의 일이자, 가장 어렵고도 가장 중요한 일이야. 그리고 삶의 모든 단계에서 우리가 계속 마주칠 일이기도 해.

맞아, 혼자가 아니라는 사실도 기억해!

만약 우리가 인간으로서 성장하고 발전하는 일이 힘겹다고 느껴질 때면 잠시 다른 동물들을 떠올려 봐. 새로운 학교에 가는 게 무섭다는 생각이 들려던 참이었다면 잠시만 기다렸다가 세상에서 가장 많이 여행을 하는 동물이 어디까지 이동하는지 그 이야기를 들어봐.

수많은 동물들은 이동하면서 지내. 그러니까 계절이 바뀔 때마다 더 알맞은 서식지를 찾아서 돌아다니지. 음식이 더 풍부하고, 안전하게 몸을 피할 수 있고, 새끼를 기를 만한 곳으로 이동하는 거야.

살아가는 동안 이런 목적으로 매년 수천 킬로미터를 전 세계적으로 이동하는 새, 물고기, 포유류가 있어. 포식동물들이 사는 위험한 지역으로도 향하지.

동물의 이동은 지구라는 행성에서 벌어지는 놀라운 일이야. 이번 마지막 장에서는 이걸 살펴볼 거야. 왜 이동을 하는지, 또 우리 삶에서 일어나는 변화와 고난에 대처하는 법에 관해서 이 동물들이 무엇을 가르쳐 줄 수 있는지 알아보자.

인간이 몇백 또는 몇천 킬로미터를 움직이는 건 아마도 특히나 기대되는 휴가를 보내러 가는 길이기 때문이겠지.

이만한 거리를 이동하는 동물들에게는 좀 더 심각한 이유가 있어. 바닷가에서 일주일쯤 보내다 오려고 수영복이나 선크림을 챙겨가는 게 아니거든. 이 동물들은 죽느냐 사느냐의 문제가 걸린 여정을 시작해. 그렇지만 너무 위험천만한 여정이어서, 이 여정을 완수하려면 죽음도 감수해야 하지.

이런 생각이 들지도 몰라. 그렇게 위험한 여정이라면서 도대체 왜 가는 걸까?

글쎄, 아주 단순하게 이야기하자면 마치 네가 가끔 소파에서 일어나 간식이나 물 한 잔을 가지러 부엌으로 가는 것 아니면 밤에 잠을 자려고 침실로 가는 것과 같은 이유로 이 동물들도 이동해.

그게 계절이 바뀔 때 음식과 몸을 쉴 곳을 구하는 유일한 방법이라는 거지.

아마도 우리는 그런 걸 별로 생각하지 않으며 지낼 거야. 운이 좋다면 배가 고플 때 먹을 음식이 늘 냉장고에 채워져 있고, 밤에는 잠을 잘 따스한 침대가 마련되어 있을 테니까.

그렇지만 이 방에서 저 방으로 가는 데 몇 주 혹은 몇 달이 걸린다고 해 봐. 걸어가려는 길 위에 갑자기 다른 사람들이 나타나서 먹을거리를 훔친다거나 네 이불을 빼앗아 가려고 한다고도 상상해 봐.

그렇게 상상해 보면 동물들이 어떤 일들을 경험하는지 가늠이 될 거야. 심지어 이건 살면서 한 번 일어나는 일도 아니고, 대부분은 매년 겪는 일이야. (이렇게 이동하는 건 몇몇 야생동물뿐이야. 그러니 너와 함께 사

는 반려동물이 조만간 사막을 가로지르는 흥미진진한 여행을 떠날까 봐 걱정하지 않아도 괜찮아.)

이동을 보여 주는 좋은 사례는 바로 누야. 아프리카의 몇몇 지역에서 발견되는 영양 종류인데, 영화 〈라이언 킹〉을 본 적이 있다면 알고 있을걸. 스포일러는 아니지만 그 영화에서는 누들이 이동하는 장면이 중요하거든.

누는 주요 서식지 두 군데를 끊임없이 오가지. 탄자니아에 있는 세렝게티와 케냐에 있는 마사이 마라가 주 서식지야. 누 떼는 풀이 자라고 물이 흐르는 곳을 향해 매년 이리저리 오가고는 해.

이 이동은 아주 크나큰 사건이야. 150만 마리쯤 되는 동물들이 함께 해. 대부분은 누지만, 영양이나 얼룩말도 조금 끼어들지. 그 가운데 3분의 1 정도는 이제 갓 태어난 아기 누야. 이 어린 누는 며칠 정도만 지나면 어미 누만큼이나 빨리 달릴 수 있단다.

이 여정은 몇백 킬로미터 정도 되는데, 슬프게도 어떤 누들에게는 너무 먼 거리야. 사자, 하이에나, 치타 같은 포식자에게 많이 잡아먹히기도 하고, 어떤 누들은 지치거나 굶주려서, 또는 가는 길에 있는 깊은 강을 건너다 물에 빠져서 죽기도 해.

매년 봄, 북쪽을 향해 이동을 시작한 누 25만 마리 정도는 여정이 끝날 때까지 모두 다 살아남지 못해. 그렇지만 여정을 마치고 계속 살아남은 누들은 이 특별한 여정을 많으면 평생 동안 20번 정도 겪으며 살아가게 돼.

사바나를 가로질러 어미 누를 뒤따라 몇백 킬로미터를 이동하는 아기 누들은 자라서 부모가 되고 자기 자식들을 이끌고 똑같이 이 특별한 여정에 나서지. 생존, 성장, 발전을 보여 주는 놀라운 일이야.

자, 우리가 이 발자취를 똑같이 뒤따를 필요는 없을 거야. 거센 물살이 흐르는 강을 수영해서 건너라고 하거나, 아침 식사도 하기 전에 치타보다 더 빨리 달려야 한다고 시키는 사람은 다행히도 없으니까.

그렇지만 우리 삶에서 일어나는 변화를 마주할 때 누가 이동을 하는 걸 떠올리면서 조금은 더 동물처럼 살아볼 수 있어. 상상하는 것만큼 극적이거나 위험하진 않겠지.

네 마음속 누를 찾는 법

* 첫 번째 단계. 변화가 필요하다는 사실을 받아들여. 삶에서 벌어지는 새롭고 무서운 일들을 품는 거야. 새로운 학교에 익숙해지는 일, 새로운 사람들을 만나는 일, 머지않아 제일 좋아하게 될지도 모르는 새로운 음식을 시도해 보는 일을 한번 받아들여 봐. 야생 동물들이 생존하려면 이동하는 게 중요한 것처럼 우리가 성장하고 발전하는 데 이렇게 새로운 것들이 중요해. '도약'하는 것이 우리가 배우고, 발전하고, 성장하는 방법이거든. 누가 매년 이동하는 여정을 떠날 때와 똑같은 용기와 책임감을 품고, 새로운 것이 지닌 불확실함과 두근거림을 품을 때만 이런 성장이 일어나지.

* 두 번째 단계. 인간은 변화에 잘 대처한다는 사실을 기억해 둬. 그렇지 않다고 생각하는 경우가 많기는 하지만 인간은 새로운 환경에 적응하고 살아가면서 맞닥뜨리는 고난에 대처하는 능력이 놀라울 정도로 뛰어나단다. 전 세계적으로 코로나19 팬데믹이 벌어졌을 때 학교에서 받던 수업들을 전부 다 집에서 온라인으로 들

어야 했던 것을 기억하겠지. 자, 그러니까 네가 적응하는 능력이 없다는 이야기는 하지 말도록 해! 물론 누구나 한계가 있기 마련이고, 우리의 신체 건강과 정신 건강이 무너질 정도로 밀어붙이는 일들도 있겠지. 그렇지만 우리 대부분은 상상하는 것보다 더 큰 일도 '대처할' 수 있다는 것 역시 사실이야. 그리고 이런 힘든 경험은 우리가 발전하도록 도와줘.

이동을 하는 동물들도 마찬가지야. 동물들의 몸은 길고 힘든 여정을 치를 수 있게 도와주는 온갖 비법을 장착하고 있지. 하나 이야기해 볼까? 이 동물들은 길을 잃지 않아. 물론 지도를 확인하거나 위성 항법을 체크하는 누는 전혀 없어. 그 대신, 동물들에게는 자기만의 내장 시스템이 있지. 누는 후각을 사용해서 비 냄새를 따라가. 이 냄새는 누들이 찾아다니는 풀이 어디에서 자라날 것인지 알려 주는 제일 좋은 단서야. 몇몇 물고기들은 마치 바다에서 운송을 담당하는 벨트 컨베이어 역할을 하는, 환류라는 강력한 해류를 따라 이동하기도 해. 또, 새와 물고기는 지구의 자기장을 이용해서 알맞은 방향으로 이동해. 이 방법은 아주 정확해서 강에서 바다로, 또 다시 바다에서 강까지 몇천 킬로미터를 헤엄쳐 돌아오는 대서양 연어는 자기가 태어났던 강으로 돌아오기만 하는 정도가 아니라, 맨 처음 태어났던 바로 그 장소로 돌아올 수가 있대. 정말 멋지지!

이런 이야기가 주는 교훈이 무엇일까?

동물들은 이동하는 동안 자신이 생존해 나가야 하는 혹독한 환경에 적응하고자 엄청나게 잘 진화했어. 우리 인간 역시도 변화에 아주 잘 적응하고 있지.

인간이라는 종이 몇백 년이 넘는 시간 동안 어떻게 진화해 왔는지를 살펴봐. 세계를 돌아다니며 걷는 법을 익히고, 도구를 만들고, 불을 피우고, 몸을 뉘일 곳을 지었지. 이런 것들 모두 다 아주 중요한 진화 단계들이었어. 그 덕분에 오늘날 우리가 사는 세상에 이를 수 있었지.

이렇게 쭉 이어진 크나큰 도약 덕분에 인류는 지구를 주름잡는 동물 종이 될 수 있었고, 먹이사슬의 가장 꼭대기에 올라설 수 있었어. 혹시나 관심이 있다면, 인류세라는 걸 찾아봐. 인간이 지구에 큰 영향을 끼친 시기를 가리키는 과학적인 용어야. 어떤 이들은 이 인류세가 무려 1만 5000년 전에 시작되었다고 보고 있어.

인간의 진화는 우리 종이 역사적으로 주변 세상에 적응하고 또 새로운 기술과 능력을 계발하면서 끊임없이 발전해 왔다는 사실을 보여 줘. 바로 이 적응력 덕분에 인간은 숲과 동굴에서 살던 시기를 지나 아주 발달된 21세기 도시에 살게 되었지.

이 사실 덕분에 훨씬 더 사소한 방식으로도 우리가 진화하고 발전하는 능력이 있다는 걸 조금 확신할 수 있어. 변화의 중요성을 받아들이는 게 변화에 대처하는 첫 번째 단계라면, 두 번째 단계는 바로 이런 변화를 다룰 수 있는 우리의 능력을 믿는 거야. 설령 힘든 여정일지라도 더 강하게 발돋움하는 능력이야.

뒤에서 앞으로, 옆에서 옆으로

동물의 이주는 변화에 대처하는 법, 또 변화가 불러일으키는 난관에 관해 많은 것들을 가르쳐 줬지.

마지막으로, 모든 변화가 영원하지는 않다는 것, 또는 모든 변화가 한 가지 방향으로만 우리를 데려가지는 않는다는 것도 알려 주지. 누가 자신이 출발했던 세렝게티에서 여정을 끝맺는다는 사실을 떠올려 봐. 이 누들은 오로지 잘 살아남아 처음 출발했던 곳으로 되돌아오기 위해서 모든 크나큰 위험을 감수하고 그렇게 놀라운 여정을 떠나지. 이 누들은 출발점으로 돌아오지만 그렇다고 해서 이 누들이 그 중요한 변화를 겪지 않은 것은 아니잖아.

우리도 인간으로서 삶을 살아가면서 변화하고, 나아

가기 때문에 나는 누들의 여정이 인간의 발전, 진화와도 닮아 있다고 생각해.

우리가 처한 환경도 달라지지. 자신만의 집, 삶, 또 어쩌면 가족을 꾸리는 어른이 될 때까지 환경은 계속 바뀌어.

모든 변화를 겪으면서 우리 일부분은 그대로 남아 있거나 맨 처음으로 돌아가기도 해.

 새로운 친구를 사귄다고 해서 우리가 지금 만나는 친구들을 잃는 것은 아니야. 물론 살다가 처하는 상황 때문에 모든 사람들과 영원히 친구로 남지 못할 수도 있겠지만, 우리에게 가장 귀중한 관계는 우리가 오랫동안 알아 온 사람들과 맺는 관계야.

새로운 취미와 관심사를 찾는다고 해서 지금 즐기는 것들을 전부 다 포기해야 하는 것도 아니야. 물론 지금 좋아하는 것들을 언젠가 훗날에 다시 떠올려 보면 유치하고 조금은 바보 같다는 생각이 들 수도 있어. 그렇지만 다른 취미와 열정을 통해서 네 삶의 크

나큰 비중을 차지하게 된 무언가의 시작점을 알아차릴 수 있을 거야. 내게는 어릴 적 과학 실험이 그랬지. 바로 이것이야말로 내가 평생 몰두하고픈 일이라는 걸 알려 주었거든. 과연 어떤 게 귀중한 것이었는지 시간이 흘러야만 알 수 있다는 게 재밌고 당혹스럽지!

어린 시절 즐기던 취미나 열정 가운데 어떤 것들에 지금까지도 관심이 가는지 부모님이나 주변 어른에게 물어봐.

이 모든 이야기를 들려준 까닭은 인생이란 복잡하고, 또 우리가 결국 어느 방향으로 향하게 될지 모르기 때문이야. 많은 것들이 변화하리라는 사실은 알고 있지만 그런 변화가 우리를 쭉 뻗은 길로 인도할지 아니면 둥근 원을 그리도록 인도할지 늘 또렷하게 드러나지는 않아. 우리의 어떤 면이 영영 변하게 될지 또는 어떤 면이 그대로 남을지도 알 수 없어.

결국 우리는 이 두 가지를 합친, 새로운 것이 주는 위험과 두근거림 그리고 오래된 것이 주는 편안함과 익숙함이 필요해. 살다 보면 미지의 영역을 향해서 용감하게 나아갈 때도 있고, 또 어떨 때는 과거를 돌아보면서 앞으로 무엇을 하면 좋을지 힌트를 얻을 때도 있잖아. 이 두 가지 모두 우리의 성장과 발전을 이루는 일부가 될 수 있어. 앞으로 나아가는 동시에 뒤를 돌아본다는 건 모순이 아니니까.

이 모든 건 삶의 풍성하고도 알록달록한 태피스트리 속 한 부분이야. 과학이라는 멋진 도구를 마음대로 활용하면서 네 손으로 직접 짜는 태피스트리지.

네 여정에 행운이 따르기를 바랄게. 분명 훌륭하고 멋진 모험이 될 거야. 누나 연어가 그러듯이, 너도 가장 멋진 장소에 가고, 제일 놀라운 것들을 보고, 가장 빛나는 시간을 보내게 될 거야.

즐기도록 해!(우산 챙겨가는 거 잊지 마.)

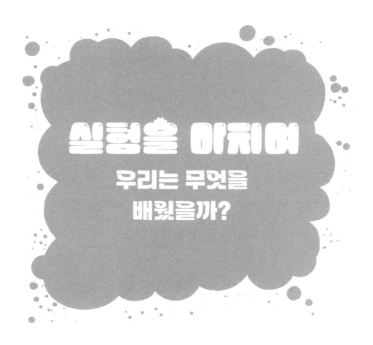

실험을 마치며
우리는 무엇을 배웠을까?

그래, 벌써 여기까지 왔어. 우리가 함께 떠난 여정이 끝에 다가가고 있네.

이 여정을 따라 우리는 인생의 여러 희한하고도 멋진 면을 거쳐 왔지. 과학이 지닌 여러 놀랍고 아름다운 면도 보았어.

날씨를 활용해서 우리 감정을 다루는 법, 우리만의 고유한 서식지를 찾는 법, 또 식물을 본보기 삼아 우리의 열정을 좇는 법을 익혔어.

우리는 인간 몸 안에서 줄기세포가 하는 특별한 일, 존경스러운 철새들의 여정, 또 눈에 보이지는 않지만 우리가 사는 세상을 이루는 놀라운 힘들을 탐구했지.

컴퓨터 덕분에 더 자신감 있게 지내는(그렇지만 지나치게 자신만만하지는 않게끔!) 법도 알았고, 과학 덕분에 의견이 서로 다를 때 더 생산적으로 대처하는 방법도 보았어.

이 책에 실린 아이디어들이 네가 성장이라는 커다란 모험을 향해 나갈 때 쓸모가 있었으면 좋겠다.

우리가 살아가는 이 놀라운 세상에 관한 지침, 바로 과학을 향한 네 탐구의 그저 시작이기를 바랄게.

이 책에서 다룬 주제들은 그저 수박 겉핥기 정도에 불과해. 알아가야 할 모든 주제들을 다룬 책들이 수백 권이나 있을 정도니까.

그러니 다른 책들을 조금 더 읽어 보면서 과학이 우리에게 얼마나 많은 것들을 알려 주는지 발견할 수 있기를 바라.(나도 계속 다른 책들을 읽고 있어!) 이렇게 도구를 갖추고 있다는 건 좋은 일이야. 그렇지만 네가 배운 것들을 활용해서 너만의 도구를 만들고, 삶을 살아가기 위해 믿음을 품고 도약하기 시작할 때에 진정한 마법이 일어난단다.

과학적인 아이디어와 더불어서, 인생을 살아가는 데 필요한 아이디어들도 함께 품고 갔으면 좋겠어. 네가 앞으로 겪게 될 좋고 나쁜 일들에 대처하도록 도와줄 아이디어들 말이야.

이 책에서 다양한 소재들을 많이 다루기는 했지만, 이런 소재들이 공통적으로 지니고 있는 몇 가지 주제가 있어. 마지막으로 우리가 다 함께 익혔으면 해.

⚛ 차이는 소중해. 우리 모두 개개인이야. 어느 누구도 우리와 완전히 똑같이 생기거나 생각하거나 행동하지는 않아. 삶의 경험이 완전히 똑같은 사람도 없어. 우리들 한 사람 한 사람이 고유해. 세상에 완전히 딱 하나뿐인 사람인 거지. 우리는 개인으로서 자신을 사랑해야 해. 우리라는 사람의 진정한 모습을, 또 우리만이 될 수 있는 사람을 말이야. 그리고 다른 사람들이 개개인이라는 사실도 함께 포용해야 해. 다른 이들의 차이와 고유함을 품는 거야. 우리가 다른 이들에게서 배울 것이 너무나 많고, 다른 이들도 우리에게서 배울 것이 정말 많아.

이 모든 다양한 삶의 방식, 사고방식, 또 존재 방식이 합쳐져서 삶을 정말 흥미진진하게 만들어 줘. 네가 다른 사람들이랑 다르다고 해서 절대로 기분 나빠하지도 말고, 또 다른 사람이 나와 다르다고 해서 그 사람의 기분을 상하게 하려고도 하지 마. 순응하는 건 따분한 일이고, 차이는 아름다운 거야. 그러니 차이를 포용해 줘!

⚛ 물론 서로 다르고 또 개개인이라고 해서 삶을 혼자서 살아간다는 뜻은 아니야. 우리는 힘을 합쳐서 놀라운 것들을 이루어야 해. 스포츠 경기장에서건 교실에서 프로젝트를 할 때건 빠르게 설거지를 해낼 때건 한 팀이 되어 힘을 합쳐 움직이면 더욱 강력하지.

이 책에 담겨 있는 과학들이 팀워크가 지닌 진정한 힘을 보여 줬으면 좋겠다. 갖가지 서로 다른 몸속 세포들이 완벽한 조화를 이루며 함께 일하면서 네가 살아가도록 돕는 걸 생각해 봐. 백만 마리도 넘는 누들이 거대한 팀을 이루고 이동하는 걸 떠올려 봐. 자연이 우리에게 무언가를 이야기해 주려는 거야. 바로 우리를 도와줄 다른 사람들이 필요하고, 우리 역시도 다른 이들에게 도움을 주어야 한다고 말이지. 이렇게 함께할 때 우리 모두가 앞으로 나아가며 살 수 있어.

⚛ 마지막으로, 친절이 중요하다는 걸 절대 잊지 마! 스스로에게 친절해지라는 이야기는 이 책에서 정말 많이 이야기했어. 네 모습과 네가 즐기는 것들을 받아들이고, 이런 것들을 숨기려 하거나 네가 아닌 다른 모습인 척하지 마. 그리고 다른 사람들에게도 친절

해지라는 이야기도 나누었지? 다른 사람들이 너와 다른 방식으로 세상을 볼 수도 있다는 걸 이해하고, 이들이 삶을 어떻게 자신만의 방식으로 경험하는지 공감해 보는 거야.

너무 빤한 소리처럼 들릴 지도 모르겠지만, 이걸 실제로 실천하기란 어렵기도 해. 왜 너와 똑같은 방식으로 생각하지 않느냐고 사람들에게 묻는다든가 꼴찌로 들어온 사람을 향해 웃음을 터뜨리는 일같이 냉혹하게 평가를 내리는 건 이루 말할 수 없이 쉬워.

실제로 잠시 멈춰 서서 누군가의 개인적인 상황을 이해하고, 혹시 네가 도울 수 있는 일이 있는지를 알아보는 건 훨씬 더 어려운 일이야. 그게 바로 친절함이고 연민이고 공감이지. 그리고 우리 삶에서 진정 용감한 사람이란 이런 감정을 드러내는 법을 찾아내는 사람이고, 다른 사람들을 지켜주고 도와주는 걸 최우선으로 삼는 사람이야.

이런 것들이 내가 이 책을 쓰면서 얻은 굵직한 교훈들이야. 네 스스로 얻은 교훈들도 분명 있을 거라고 생각해. 그러니 네가 깨달은 것들을 적어보고, 이야기하고, 일 년 뒤에 다시 돌아보면서 혹시 생각이 바뀐 게 있는지 살펴보렴.

기억해 둬. 과학처럼 인생도 멋진 실험이야. 새로운 일들을 시도하는 걸 절대로 두려워하지 마. 네 자신과 다른 사람들, 또 주변 세상을 계속 발견해 나가는 거야. 그리고 꼭 명심해. 필요할 때면 언제든 과학이 너의 곁에 있어 줄 거야!

감사의 말

어디서부터 시작하면 좋을까? 시장 조사를 하고 솔직한 피드백을 주면서 이 책의 틀을 잡을 수 있도록 도와준 동생, 타이거 램지, 릴리 팡, 애거사 팡과 사촌 롤라, 루비, 마틸다 파크스에게 고맙다고 하고 싶어. 동생들과 사촌들 모두 어린아이들이 얼마나 호기심이 넘치는지, 또 이런 어린이들이 이 세상에 전해 줄 것이 얼마나 많은지 깜짝 놀랄 정도로 깨닫게 해 주었어. 여러 일화들을 알려 주고, 또 신경 다양성을 지닌 아이를 기르며 직접 경험한 일들을 공유하며 이 책에 필요한 자료를 준 우리 엄마 소니아, 우리 아빠 피터, 리디아 언니에게도 고마워. 마이크 삼촌과 존 삼촌에게도 고맙다는 말을 하고 싶어. 나만의 과학 조수가 되어 준 두 사람은 항상 내 생각에 질문을 던지면서, 과학 책을 끊임없이 내게 빌려주었어. 그 덕분에 나는 직업 생활을 하는 내내 자극을 받았지. 두 사람을 가족이라고 부를 수 있다는 건 영원히 감사할 일일 거야.

또 나를 믿어 주고, 지지해 주고, 아무런 평가를 내리지 않은 채 내가 좋아하는 일을 하도록 해 준 선생님들과 멘토들에게도 고맙다고 이야기하고 싶어. 미셸 미들턴, 앨리슨 밴야드, 클레어 웰햄, 레슬리 모리스, 키스 로즈 박사님, 마지 버넷–워드, 스티브 허버드, 로이 로이스턴, 에드 젠킨스, 크리스 스웨인, 고마워요.

그리고 이 책에 멋진 일러스트를 그려 준 로렌 보글리오에게도 고마워. 이 책을 만들자고 청해 주었고, 또 실제로 책이 탄생하게 해 준 아셰트 팀, 로라 홀슬리, 칼툰 유수프, 빅토리아 월쉬, 사무엘 페레, 피피 그랜덤–라이트에게 고마워. 그리고 내 에이전트 애덤 건틀렛과 편집자 조쉬 데이비스에게도 고마워!

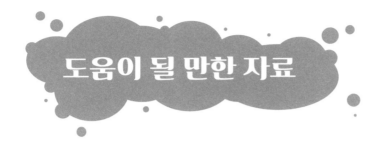

도움이 될 만한 자료

네가 찾아보면 좋을 자료들이 몇 가지 더 있어.

한국자폐학회 www.autism.or.kr
자폐인에 대한 이해와 치료, 교육에 관한 학문적 발전에 기여하는 곳이야.

한국자폐인사랑협회 www.autismkorea.kr
자폐인과 그 가족을 위해 관련법과 제도를 가꾸어나가며, 사회의 인식 개선을 위해 앞장서는 곳이야.

한국과학창의재단 www.kofac.re.kr
학생들이 과학 기술을 학습할 수 있는 환경을 조성하고, 그 지식이 교실에서 끝나지 않고 사회 속에서 더 풍부한 경험으로 연결될 수 있도록 다양한 과학기술문화 프로그램을 제공하고 있어.

세상에는 다른 위대한 작가, 일러스트레이터, 활동가들도 많아.
아비가일 발페가 쓴 책 《다른 종류의 평범함》A Different Sort of Normal을 읽어 보고, 21andsensory라는 놀라운 블로그도 한번 찾아 봐.
www.21andsensory.wordpress.com